ÉTUDES LITTÉRAIRES

# *LOUIS-FERDINAND CÉLINE*

## *Voyage au bout de la nuit*

PAR A.-C. ET J.-P. DAMOUR

PRESSES UNIVERSITAIRES DE FRANCE

ÉTUDES LITTÉRAIRES

*Collection dirigée par*
*Jean-Pierre de Beaumarchais*
*Daniel Couty*
*et Yves Chevrel*

ISBN 2 13 042913 0
ISSN 0764-1621

Dépôt légal — 1re édition : 1985, octobre
2e édition : 1989, décembre


108, boulevard Saint-Germain, 75006 Paris

# *Préface*

Malgré l'importance que les critiques accordent aujourd'hui à ses derniers livres, Céline demeure encore et avant tout l'auteur du *Voyage au bout de la nuit*. Le halo scandaleux qui a entouré l'œuvre à sa publication semble ne s'être point dissipé totalement; c'est que, d'abord, ce roman fait figure de réquisitoire, de révolte. Et, pour les écrivains de la génération des Sartre et Malraux, il fut la révélation d'un nouveau « ton » romanesque : la gouaille d'un Bardamu, mi-« titi », mi-philosophe, tournait en dérision les valeurs morales et politiques les plus sûres de la société née de la Grande Guerre.

Car le livre vint à point : les années trente constituèrent une période d'intense fermentation intellectuelle et idéologique, une ère de remise en cause du libéralisme et de la Troisième République vacillante, du parlementarisme corrompu et sclérosé. Les opposants de tous bords, de l'extrême gauche à l'extrême droite, virent en Céline un des leurs, et en Bardamu le porte-parole de toutes les révoltes modernes.

Le *Voyage* fut également l'occasion d'une remise en cause littéraire, dont Simone de Beauvoir rendit compte dans un célèbre passage de *la Force de l'âge* :

> Céline avait forgé un instrument nouveau : une écriture aussi vivante que la parole. Quelle détente, après les phrases marmoréennes de Gide, d'Alain, de Valéry! (Folio, p. 157).

Une certaine pompe littéraire, issue du postromantisme, régnait encore dans le monde des lettres, et les romanciers, malgré quelques innovations individuelles (Malraux, Giono), malgré l'exemple — virulent alors — du surréalisme, se mouvaient encore dans l'univers clos du « beau style »; il ne faut sans doute pas oublier la place que les lecteurs de l'époque, et même les critiques reconnus, attribuaient à un Paul Bourget. Le ton « argotique » de Ferdinand Bardamu, l'apparente déconstruction de la langue classique, la crudité du verbe firent l'effet bien connu du « pavé dans la mare ». Pour toute une génération de jeunes écrivains, non seulement Céline s'attaquait à la société qu'ils refusaient, mais en plus « décapait » l'écriture romanesque de ses boursouflures, de ses automatismes académiques, de ses lieux communs.

Par la suite, les avatars de la biographie célinienne n'ont guère contribué à dissiper cette impression sulfureuse. Tout au contraire : selon les critiques ou les écrivains, les significations du *Voyage au bout de la nuit* confirmaient ou infirmaient l'antisémitisme de Céline, et ses « collaborations » avec le nazisme; pour les uns, le roman échappait au délire paranoïaque de son auteur, et témoignait d'une lucidité analytique que déjà *Mort à crédit* présentait moins; pour les autres, le *Voyage* possédait en germes les éléments réactionnaires du « fascisme » célinien. En somme, quel que fût le contexte historique d'avant ou d'après-guerre, le roman demeurait un ouvrage brûlant et controversé.

L'auteur lui-même n'a pas dissipé les malentendus; cependant qu'il affirmait être allé plus loin stylistiquement parlant dans ses ouvrages postérieurs, pour lui le *Voyage* n'en demeurait pas moins son livre le plus critiqué; mieux : c'était ce roman, plus que les pamphlets antisémites, qui lui avait, pensait-il, attiré l'opprobre général. Tout cela est exprimé dans la préface de 1949 :

> C'est pour le *Voyage* qu'on me cherche! [...] Le seul livre vraiment méchant de tous mes livres c'est le *Voyage*... Je me comprends... Le fonds sensible...

Mais l'ouvrage offre-t-il de si nettes révoltes, une telle clarté de lecture? Car il est malaisé de saisir un « message » dans ce livre où, pourtant, le narrateur semble aller, page après page, de certitudes en certitudes. Si l'on établit un parallèle entre le *Voyage* et les ouvrages contemporains qui évoquent le plus révoltes et refus (*la Condition humaine*, les romans américains), force nous est de constater les errances et les paradoxes céliniens : à tous les niveaux du roman, le sens fuit sitôt qu'apparu, ou se mue en un signifié contraire; ainsi, idéologiquement parlant, les découvertes philosophiques de Bardamu sont-elles contredites par l'idée que toute philosophie est absurde en soi; de plus, Céline recourt à des systèmes d'analyse éventuellement contradictoires : ici, ce sera la psychologie de l'inconscient qui rendra compte de la marche du monde, là, la sociologie et son étude du milieu; le mal est alternativement intérieur et extérieur à l'homme. D'un point de vue strictement narratif, nouveaux paradoxes : le récit intra-diégétique suit une sage linéarité classique, mais dépourvue de réelle rationalité : la succession des aventures de Ferdinand ne paraît obéir à aucune loi du genre. Stylistiquement, Céline forge une « parole-Bardamu » faite d'argot, d' « incorrections » ou d'innovations syntaxiques; mais il ne renonce pas pour autant au très littéraire subjonctif imparfait, ni au ternaire, ni aux préciosités de la langue classique.

On a donc ici affaire à une œuvre dont les structures, la langue, le dessein s'avèrent complexes, et dont les affirmations doivent être appréciées avec un certain recul; avant de mesurer la portée exacte du livre et de saisir en quoi ce récit, aux dires de récentes critiques, a ouvert les voies de la modernité, avant de chercher son « sens », il convient de parcourir tous ses niveaux de lecture : le bruit qu'a occasionné le *Voyage* a dissimulé bien des aspects du roman. Certes, analysé dans le contexte historique des années trente, le livre semble viser une réalité : la Grande Guerre, l'Empire colonial français, le libéralisme américain, la misère des banlieues... Mais il n'ignore pas non plus les chemins de la fable et du mythe, que son titre connote d'ailleurs assez clairement. En quoi réside alors aujourd'hui sa « lisibilité » ? Est-elle due aux qualités proprement romanesques et/ou mythiques du récit, ou à ses implications philosophico-idéologiques ?

On s'efforcera ainsi d'évaluer les ambiguïtés, les paradoxes, les écarts qui fondent ce texte; ce sont eux, non leurs significations occasionnelles qui font de ce premier roman le livre de plus étrange de Céline : livre aux contradictions non résolues, livre oxymorique, qui semble tout dire pour mieux sombrer en ses dernières pages dans l'ultime vérité du langage : le silence (« qu'on n'en parle plus »). Livre de tradition et de rupture, qui clôt l'univers du roman postbalzacien, pour instaurer, peu à peu, une nouvelle langue romanesque.

# *Analyse du contenu narratif*

### *Un cadre traditionnel*

Le titre même du roman renvoie d'abord à un genre littéraire, celui du « récit de voyage », qui suppose certaines contraintes : un narrateur raconte « à chaud » où, quand, et comment il s'est déplacé. Le déroulement chronologique des événements est en général bien repéré, et le récit a pour but de dépayser le lecteur en lui représentant, avec le plus de véracité possible, des contrées qu'il n'a jamais vues. Ce genre littéraire a toujours suscité des interprétations plurielles : tantôt soumis aux exigences de la vulgarisation scientifique, tantôt chargé d'une valeur de parabole lorsque la peinture de l' « ailleurs » sert de repoussoir — et de miroir critique — par rapport à l'univers où l'on vit habituellement (cas fréquent au XVIIIe siècle). Au XIXe siècle, le « récit de voyage » auquel s'essaieront Chateaubriand, Lamartine, Hugo, Nerval, Stendhal, Flaubert — pour ne citer que les plus connus —, dépasse le stade du simple reportage ou de l'utopie, et nous renseigne surtout sur ce qui revêt dans l'imaginaire des écrivains — et bien souvent dans celui de leurs contemporains — une valeur mythique (l'Italie pour Stendhal, l'Orient pour Nerval et Flaubert). Parler d'une œuvre qui s'intitule *Voyage* conduit donc à examiner d'abord comment Céline a usé de ce cadre traditionnel préexistant.

## VRAI OU FAUX VOYAGE ?

### *La représentation du temps*

Dans l'ensemble, Céline s'est bien gardé de toute référence explicite à des dates historiques qui jalonneraient la narration, comme s'il se refusait au fond à admettre que le *Voyage* fût, à un quelconque degré, la chronique d'une époque. L'allusion à l'Exposition universelle (F. 226, P. 176)[1], la mention de la présidence de Raymond Poincaré à la première page du roman, la description de la guerre — et encore le lecteur doit-il admettre qu'il s'agit de la première guerre mondiale ! —, quelques détails de la vie quotidienne permettent de situer le roman dans la première moitié du XXe siècle, entre 1915 et 1930.

D'autre part, plus le roman progresse, moins les repères chronologiques se font précis. Entre le retour d'Amérique et l'installation à Rancy, l'auteur nous dit qu'il s'écoule « cinq ou six années de tribulations académiques » et on ignore la durée totale du séjour à Rancy.

Les événements ne sont jamais datés, il n'est que rarement fait mention d'une saison, ou même d'un jour précis de la semaine. Seules sont fournies quelques vagues précisions (« deux jours après », « au petit jour », « un peu plus tard, une heure peut-être ») quelques indications horaires (« Je l'ai eu mon train de 7 h 15, quand même, mais au poil », dit le narrateur à son retour de Toulouse : F. 520, P. 413), mais de manière ponctuelle et comme gratuitement, car ces repères chronologiques ne sont pas, manifestement, placés là pour structurer la narration. Aussi le lecteur voit-il se diluer devant lui toute perception précise

1. Nous nous référerons simultanément à l'édition de poche, « Folio » (F.) et à l'édition de la « Bibliothèque de la Pléiade », Paris, Gallimard, 1981 (P.). Le numéro suivant la lettre indiquera la pagination.

du temps qui s'écoule — impression confortée par l'usage que fait Bardamu des temps du passé : il se limite le plus souvent, aux temps du discours (passé composé, imparfait, plus-que-parfait, présent de narration), subjectivisant donc de manière délibérée le récit des événements.

### *La représentation de l'espace*

L'œuvre compte bien quelques voyages au sens premier du terme (en Afrique, en Amérique) et contient effectivement des descriptions plus ou moins représentatives des lieux que Bardamu parcourt. En France même, le narrateur ne reste pas statique; il parcourt les Flandres pendant la guerre, il effectue un séjour à Toulouse. Curieusement, Céline a utilisé indifféremment dans son roman des noms de lieux bien réels (Paris, New York, Détroit, Toulouse) et des noms de lieux entièrement inventés (Bambola-Fort-Gono, Topo, San Tapeta, La Garenne-Rancy, Vigny-sur-Seine). Tout se passe comme si l'écrivain désirait là encore dérouter le lecteur en lui représentant au sein de repères bien connus des lieux imaginaires, mais pourtant bien « typiques » : l'Afrique et l'Amérique décrites par Céline évoquent pour le lecteur des paysages « réels » sans qu'il puisse pourtant leur assigner des noms précis. En effet, la technique descriptive de Céline, toujours synthétique, forge, à l'aide de détails caractéristiques, soigneusement répertoriés, une sorte d'essence de chaque paysage, à la fois pittoresque et mythique. Le voyageur a bien noté pour nous les détails remarquables et les impressions personnelles; cependant le jeu est faussé dans la mesure où nous ne pouvons situer précisément les scènes.

Le *Voyage* a officiellement un début (« Ça a débuté comme ça »), une fin (« Et qu'on n'en parle plus »), mais il aurait pu tout aussi bien commencer ailleurs que « Place Clichy » et « après le déjeuner » et finir autrement que sur un pont à Vigny-sur-Seine et « au petit jour ». Ni lieux, ni chronologie n'ont au fond d'importance; le genre du récit de voyage est ici totalement perverti et le contenu narratif du livre relève d'une rhétorique qui lui est propre.

## LOGIQUE INTERNE DU ROMAN

A) *Traditionnellement*, la critique distingue dans le *Voyage* une structure binaire : le livre s'organiserait en deux parties de dimensions égales, mais de rythme différent, en fonction des mésaventures du narrateur.

1 / *Dans un premier ensemble*, Ferdinand Bardamu retrace ses années d'errance (P. 7 à 237 / F. 15 à 301); cette partie, plus riche en événements, au rythme plus haché, nous fait assister aux expériences d'adolescence et de jeunesse du narrateur. Nous le voyons successivement :

*a)* *Participer à la guerre*, dont Céline nous propose une double vision :

— le front (P. 11 à 47 / F. 21 à 66);
— l'arrière (P. 48 à 110 / F. 67 à 145).

*b)* *Aller chercher fortune et aventure en Afrique* (P. 111 à 183 / F. 147 à 236).
Le récit s'organise alors autour de quatre épisodes :

— le voyage vers l'Afrique à bord de l'*Amiral-Bragueton* (P. 111 à 124 / F. 147 à 163);
— l'attente à Fort-Gono, ville coloniale (P. 125 à 147 / F. 165 à 193);
— le séjour à Topo après le voyage sur le *Papaoutah* (P. 148 à 160 / F. 193 à 208);
— le séjour dans l'Afrique profonde au comptoir que Bardamu est censé tenir (P. 161 à 183 / F. 209 à 236), il s'achève par sa fuite vers San Tapeta et son embarquement sur une galère à destination de l'Amérique.

c) *Faire l'expérience du progrès américain* (P. 184 à 236 / F. 237 à 301) :

— à New York (P. 184 à 222 / F. 237 à 283) qui symbolise le monde de l'Argent. Céline propose alors une description du capitalisme triomphant, du pouvoir financier, mais aussi des inégalités sociales qu'il entraîne, et des transformations négatives qu'il effectue chez les individus (Bardamu est chassé par Lola, une riche Américaine qu'il avait connue à Paris pendant la guerre);

— à Détroit (P. 223 à 236 / F. 285 à 301) qui symbolise le monde du travail dans l'univers capitaliste. Bardamu travaille en effet quelque temps aux usines Ford. Seule, Molly, la prostituée au grand cœur, lui témoigne de la générosité.

Toutes les expériences de jeunesse de Bardamu débouchent sur un constat d'échec : les rêves d'Héroïsme (la guerre), d'Aventure (l'Afrique), de Fortune (l'Amérique) n'ont pas résisté à l'épreuve du réel.

2 / *La deuxième partie du livre* (P. 237 à 505 / F. 303 à 632) est séparée de la première par une « lacune » dans le récit, puisque Bardamu passe sous silence ses années d'études à la faculté de Médecine. Elle paraît nettement plus statique et décrit l'isolement et l'enfermement progressif de Ferdinand, de plus en plus impuissant face aux événements :

a) *L'épisode de Rancy* (P. 237 à 349 / F. 303 à 342), banlieue parisienne sordide où Bardamu éprouve l'inefficacité de la médecine devant la misère et la mort.

b) *Une double tentative d'évasion* (P. 349 à 413 / F. 443 à 520) :

— d'abord dans le monde des plaisirs parisiens (Bardamu travaille un temps dans un cinéma, le Tarapout, et fait de la figuration dans un ballet);

— ensuite, en province, à Toulouse, où il retrouve son ami Robinson, mais bien vite la rupture interviendra entre les deux hommes;

c) *Enfin, le narrateur s'emprisonne symboliquement à l'asile de Vigny-sur-Seine* (P. 413 à 505 / F. 521 à 632), véritable microcosme de l'univers humain.

Le roman s'achève avec la mort de Robinson : celui-ci, qui a renoué avec Bardamu, est abattu par sa fiancée, Madelon, car il cherche à rompre avec elle : cette fin, qui a tout du « fait divers », n'est pas sans rappeler les « ficelles » du mélodrame et ce dénouement, artificiel au sein du récit, relève manifestement de la parodie.

B) Mais cette analyse du récit selon une organisation binaire, pour claire qu'elle soit, ne rend pas compte de l'unité profonde du roman, qui, à la lecture s'avère solidement charpenté et mené d'une façon moins arbitraire qu'il ne le semble.

Le *Voyage* se distribue, en effet, en trois grands ensembles de longueur sensiblement égale, une centaine de pages environ, qui marquent des phases statiques dans l'existence de Bardamu :

— *le récit de la guerre* (P. 7 à 110 / F. 15 à 145), qui s'achève sur la réforme définitive du narrateur ;
— *le séjour à Rancy* (P. 237 à 347 / F. 303 à 443), partie centrale du roman, qui nous montre à son point culminant l'inefficacité de Bardamu ;
— *la retraite à Vigny* (P. 414 à 505 / F. 521 à 632) à l'issue de laquelle le narrateur se retrouve seul, inéluctablement, après la mort de Robinson.

Entre ces trois parties, viennent, chaque fois, s'intercaler, de façon très symétrique, deux épisodes de longueur plus brève, et composés de deux séries de « voyages » : l'Afrique et l'Amérique séparent la guerre de Rancy, de même que la fuite à Paris et l'escapade à Toulouse séparent les stations de Rancy et de Vigny. Les trois périodes les plus importantes par leur masse (la guerre, Rancy et Vigny) correspondent à des périodes où le narrateur s'enlise dans l'immobilisme et l'impuissance, où il se laisse porter par les événements. Par opposition, les quatre « voyages » constituent des tentatives pour agir, avortées bien sûr. Bardamu ne trouvera pas l'évasion en Afrique, ni la fortune en Amérique, ni le plaisir au Tarapout, ni l'amitié à Toulouse. Il s'avère donc que ce livre combine avec bonheur structure binaire et ternaire suivant une disposition rigoureuse.

A / La guerre
(P. 7 à 110;
F. 15 à 145)
103 p.

E / Vigny
(P. 414 à 505;
F. 521 à 632)
91 p.

B / *Voyages I*
— L'Afrique
(P. 111 à 183;
F. 147 à 236)
72 p.
— L'Amérique
(P. 184 à 236;
F. 237 à 301)
52 p.

D / *Voyages II*
— Toulouse
(P. 381 à 413;
F. 480 à 520)
32 p.
— Paris et le Tarapout
(P. 350 à 380;
F. 443 à 480)
30 p.

C / Rancy
(P. 237 à 349;
F. 302 à 443)
112 p.

L'analyse du contenu narratif du roman révèle, semble-t-il, une structure en forme d'arche, ce qui conduit à émettre plusieurs hypothèses; d'abord, le symbolisme de l'arche rejoint de toute évidence le thème du voyage, dans la mesure où il est lié avec celui de la navigation (la présence de bateaux en tous genres est manifeste dans l'ouvrage). Sur le plan strictement formel, on ne peut que constater une identité entre la structure du roman et son sujet.

Ensuite, dans l'inconscient collectif et dans la Bible, l'arche symbolise à la fois le cycle renouvelé et la protection contre la destruction par le Déluge; contenant en effet un exemplaire de chaque être vivant, elle constitue un microcosme de l'univers et permet de le régénérer, une fois qu'il aura expié ses péchés par la destruction. Certaines pratiques religieuses associent la navigation et la recherche de la Paix, symbolisée par le Soleil; et les aventures de Bardamu peuvent être interprétées comme une tentative de régénérescence : échapper à des espaces étouffants et néfastes, retrouver une autre vie, c'est, en première lecture, ce qui pousse Ferdinand de voyage en voyage.

On doit noter, enfin, que, dans le déroulement chronologique du *Voyage*, le personnage de Robinson occupe une fonction déterminante : il apparaît en général vers la fin de chaque partie, de façon récurrente, et sa présence marque une inflexion prochaine dans le cours du récit; outre son sens symbolique[1], le personnage signale que Bardamu va vivre de nouvelles expériences, car il le précède dans chacun des endroits que celui-ci traverse (à la guerre, en Afrique, en Amérique, notamment) et il est bel et bien l'intercesseur qui lui ouvre d'autres espaces.

1. V. *infra*.

# *Le contexte*

## LE CONTEXTE HISTORIQUE ET IDÉOLOGIQUE

La parution du *Voyage* se situe à un moment de crise de conscience, d'effervescence idéologique et d' « engagement » des intelligentsias, au début de ce qu'on a pu nommer en France « L'esprit des années 30 ». La majorité des intellectuels et des hommes politiques a en effet le sentiment d'une rupture avec la décennie précédente : l' « après-guerre » s'achève qui laisse une impression générale d'amertume, d'échec après les espoirs qu'avaient fait naître la victoire sur l'Allemagne et les rêves de paix universelle qui avaient présidé à la création de la SDN. Et surtout, dès la fin de 1930, la France est touchée par la crise.

### *Les signes précurseurs de la crise*

Ils sont encore peu nombreux en 1929 : un certain nombre de facteurs incitent à la confiance et le désastre boursier du 25 octobre à Wall Street ne fut pas ressenti comme un événement déterminant. La situation financière laissée par R. Poincaré paraissait des plus saines (excédent budgétaire de quatre milliards de francs, stock d'or record à la Banque de France). Cette prospérité se traduisait par un progrès continu de tous les secteurs de l'économie. On met en œuvre les grands travaux de la Ligne Maginot et on vote des lois sociales (assurances sociales); on réduit la durée du service militaire à un an, le chômage étant quasi inexistant. En politique extérieure, les thèses du pacifiste Briand prévalent, prônant le rapprochement avec l'Allemagne; l'étendue de « l'Empire français » laisse encore intacte l'illusion que la France occupe une place éminente sur la scène internationale.

Mais, les indices d'activité commencent à baisser entre le début de 1929 et la fin de 1930; le budget devient déficitaire et l'empire colonial est atteint par le marasme. Sur le plan politique, le retrait de R. Poincaré, malade (l'homme qui, à la première page du roman « s'en allait inaugurer, justement ce matin-là, une exposition de petits chiens ») marque le déclin de toute une génération politique et la droite va rajeunir ses cadres; cependant Tardieu et Laval ne jouissent pas de la même confiance, ni du même prestige que leurs prédécesseurs et passent, aux yeux de la gauche, pour des politiciens aventuriers et véreux. Les oppositions politiques, d'ailleurs, se durcissent : les journaux satiriques s'en prennent aux personnes et non plus seulement aux idées (on colporte des bruits sur Laval, on caricature Tardieu en requin ou en brochet), rendant impossible toute forme d'union nationale, en cas de péril (contrairement à 1914).

Durant la période 1929-1932, la vie politique française est dominée par André Tardieu : personnalité brillante, intellectuel de haut niveau, il rêve d'un Etat fort qui réaliserait l'union entre les citoyens et réduirait à néant les partis. Il entreprend une politique de grands travaux et se procure, grâce à des fonds secrets, un service d'ordre musclé qui sait à la fois l'acclamer et réprimer les manifestations d'opposants. Pour la gauche, cette politique, prétendument inspirée par un modèle anglo-saxon, prépare la voie d'un fascisme à la française. Aussi le Sénat, profitant d'un scandale qui touche l'un des ministres, renverse-t-il Tardieu qui gouverne cependant de fait par l'intermédiaire de Laval, jusqu'aux élections de 1932.

On ne prendra que peu de mesures pour remédier à la crise et certaines sont inspirées par un libéralisme peu lucide (diminution de la pression fiscale sur la propriété foncière, immobilière, sur les bénéfices industriels et commerciaux); d'autres participent du réformisme social : grands travaux, retraite du combattant, suppression des frais de scolarité en sixième.

*La crise de l'économie*

La France est donc touchée dès 1930 par la crise, moins gravement toutefois que d'autres pays. Le commerce extérieur est ruiné par la baisse des prix sur les marchés internationaux, les exportations chutent brutalement et dès 1931, on constate une hémorragie des capitaux. Les faillites des banques se multiplient, réduisant ainsi la confiance des épargnants. L'industrie dans son ensemble voit sa production chuter; le PIB ne retrouvera son niveau de 1929 que dix ans plus tard. Mais le grand capitalisme résiste mieux que les vieilles affaires familiales, petites ou grandes; la crise accentue la concentration économique (Citroën, en liquidation judiciaire, est repris par Michelin, les réseaux de distribution s'unifient); la productivité augmente du fait de la mécanisation plus poussée.

Les réactions du gouvernement en place sont bien plutôt dirigées par la proximité immédiate des élections de 1932 que par un souci de résoudre réellement les problèmes : on créera les allocations familiales et on recourra au protectionnisme pour maintenir les prix agricoles et industriels et on pratiquera une politique malthusienne pour mettre fin à la surproduction et soutenir les prix de détail; on défend la monnaie et l'équilibre du budget en appliquant strictement les théories du libéralisme au détriment des revenus salariaux les plus modestes.

## *La crise sociale*

Ce n'est pas tant le coût de la vie (qui aurait baissé de 10 % en 1932) que le chômage qui s'avère préoccupant. Au printemps on compte en effet 50 000 « sans-emploi » : leur nombre a quadruplé en quelques mois. Les premières victimes appartiennent à des catégories qui n'intéressent pas la classe politique puisqu'elles ne votent pas : les femmes et les ouvriers immigrés pour l'essentiel (ceux-ci font l'objet dans le *Voyage* des propos racistes du patron du café Martrodin). D'une façon générale la crise atteint particulièrement les catégories sociales côtoyées par Bardamu à Rancy : les enfants, les vieillards, les petits rentiers, les employés, les femmes (en cela, le roman offre un catalogue fort complet de « victimes »); elle atteint les professions libérales au contact des plus pauvres (« J'ai même aperçu des confrères qui allaient faire leurs visites à pied, c'est tout dire, d'un petit air amusé par la promenade, mais en vérité bien vexés et uniquement pour ne pas sortir leurs autos par économie. Moi, je n'avais qu'un imperméable pour sortir », (P. 345 / F. 437).

Le chômage grandissant entraîne un affaiblissement des organisations ouvrières, trop divisées, trop peu combatives et mal représentées électoralement. Le grand patronat tire avantage de la politique défensive du monde ouvrier pour réclamer l'abrogation de mesures sociales jugées trop coûteuses. A l'échelon individuel on va chercher des expédients (comme les chiffonniers ou les brocanteurs de Rancy), on rêve de « solutions-miracle » dont le comportement de Robinson se fait l'écho (le film de Julien Duvivier, *la Belle Equipe*, en 1936, présentera une excellente analyse de cet état d'esprit); ou bien, on se maintient frileusement sur ses positions (cf. l'attitude de Bardamu lui-même à l'asile de Vigny-sur-Seine). On sacrifie de toute façon à l'individualisme, qu'il soit aventurier et extraverti (Robinson) ou conservateur et introverti (Bardamu). Le comportement des banlieusards de Rancy témoigne de cette passivité :

Au matin donc le tramway emporte sa foule se faire comprimer dans le métro. On dirait à les voir tous s'enfuir de ce côté-là, qu'il leur est arrivé une catastrophe du côté d'Argenteuil, que c'est leur pays qui brûle. Après chaque aurore, ça les prend, ils s'accrochent par grappes aux portières, aux rambardes. Grande déroute. C'est pourtant qu'un patron qu'ils vont chercher dans Paris, celui qui vous sauve de crever de faim, ils ont énormément peur de le perdre, les lâches. Il vous la fait transpirer pourtant sa pitance. On en pue pendant dix ans, vingt ans et davantage. C'est pas donné (P. 239 / F. 305)

Les bas salaires consacrent encore une part très importante de leur revenu à l'alimentation (60 %) et les dépenses diverses, celles de santé comprises, n'ont qu'une faible part (10 %). Entre 1920 et 1930, le centre des grandes villes s'est dépeuplé au profit des agglomérations de la proche banlieue. Cette transformation n'échappe pas à l'œil de Bardamu : « Vigny-sur-Seine se présente entre deux écluses, entre deux coteaux dépouillés de verdure, c'est un village qui mue dans sa banlieue. Paris va le prendre... Le miracle est en train de s'accomplir. La dernière boule de jardin a disparu avec l'arrivée de Laval aux affaires et les femmes de ménage ont augmenté leurs prix de vingt centimes de l'heure pendant les vacances. Un bookmaker est signalé. La receveuse des Postes achète des romans pédérastiques et elle en imagine de bien plus réalistes encore. Le curé dit merde quand on veut et donne des conseils de Bourse à ceux qui sont bien sages. La Seine a tué ses poissons et s'américanise entre une rangée double de verseurs-tracteurs-pousseurs qui lui forment au ras des rives un terrible râtelier de pourritures et de ferrailles. Trois lotisseurs viennent d'entrer en prison. On s'organise » (P. 422 / F. 531).

On voit donc à quel point la crise s'accompagne de mutations idéologiques!

Quelques-unes des victimes de la société traditionnelle nous intéressent particulièrement :

— les *vieillards* : ils sont beaucoup plus nombreux qu'avant 1919 du fait de l'allongement de la vie et gardent plus longtemps une activité professionnelle. Dès lors, avec la crise, le problème de la retraite se pose avec plus d'acuité. Les démêlés sordides de la vieille Henrouille avec sa famille reflètent crûment cette situation : pour ne pas la nourrir, ses enfants vont essayer de la faire interner dans un asile, avant d'organiser son assassinat;

— les *femmes* : la condition féminine a peu évolué et la femme est maintenue par les institutions dans une situation inférieure; elle n'a pas le droit de vote, ne joue pratiquement aucun rôle politique, milite rarement, accepte plus facilement d'être sous-payée et sous-employée. La seule forme de contraception connue est l'avortement et les mères célibataires n'ont aucun droit. Quant à la législation sur la prostitution, elle accuse un retard considérable.

*La crise coloniale*

Elle ne fut guère ressentie sur le moment, tant était vivace le mythe de la puissance impérialiste : « L'impérialisme est la seule façon pour les peuples mûrs de pas sombrer dans l'irrémédiable décadence », affirme-t-on. On prône l'unification morale, intellectuelle, et culturelle de l'Empire sous l'égide du drapeau tricolore. Pour l'opinion des années 30, c'est de l'Empire que viennent les meilleurs soldats; c'est en ces termes que Bardamu calme la colère du capitaine Frémizon :

> ... ils s'apprêtent ces braves, ces incomparables braves à reprendre, avec quel courage, la garde sacrée de notre immortel empire colonial! poursuivis-je. Là où les plus magnifiques soldats de notre race se sont couverts d'une gloire éternelle. Les Mangin! Les Faidherbe, les Gallieni!... (P. 120 / F. 158).

L'opinion est également persuadée des bienfaits de la colonisation française (alphabétisation, missions médicales).

En fait, si la crise toucha l'empire colonial, c'est aussi parce qu'on n'avait pas véritablement cherché à élever le niveau de vie de la population locale; on se contentait d'entretenir une bureaucratie sclérosée, dotée d'un pouvoir considérable, dont la fonction était de protéger le commerce colonial :

Dans cette colonie de Bambola-Bragamance, au-dessus de tout le monde, triomphait le Gouverneur. Ses militaires et ses fonctionnaires osaient à peine respirer quand il daignait abaisser ses regards jusqu'à leurs personnes.

Bien au-dessous encore de ces notables les commerçants installés semblaient voler et prospérer plus facilement qu'en Europe. Plus une noix de coco, plus une cacahuète, sur tout le territoire qui échappât à leurs rapines. Les fonctionnaires comprenaient [...] qu'on s'était bien foutu d'eux en les faisant venir ici, pour ne leur donner en somme que des galons et des formulaires à remplir et presque pas de pognon. Aussi louchaient-ils sur les commerçants. L'élément militaire encore plus abruti que les deux autres bouffait de la gloire coloniale et pour la faire passer beaucoup de quinine avec et des kilomètres de Règlements (P. 125 / F. 165).

*La crise politique*

Elle vient de l'impuissance à résoudre les problèmes posés par la crise économique. Profondément désorientée, la classe politique traditionnelle attend de « la nature des choses le retour à l'équilibre » (H. Dubief, *le Déclin de la III^e^ République*, Paris, Seuil, 1976). Cette politique d'attentisme va susciter les critiques des plus jeunes et des plus extrémistes.

— *Le parti radical*, secoué par des crises internes, paraît incapable de trouver des solutions adaptées au monde moderne.

— *La SFIO* a très vite réalisé que les remèdes à la crise proposés par le gouvernement seraient inefficaces, mais, faute d'audace de la part des militants, elle n'ose intervenir, malgré son poids électoral, et malgré le dynamisme ou les ambitions de certains de ses dirigeants (et parmi ceux-ci, Marcel Déat qui vote ouvertement avec les radicaux).

— *Le Parti communiste*, entre 1928 et 1935, est enfermé dans un véritable « ghetto » (H. Dubief, *op. cit.*) : sa représentation sera réduite en 1932 à dix députés et il fait l'objet d'une répression rigoureuse (ses chefs et ses cadres sont arrêtés préventivement avant toute manifestation).

— *L'extrême gauche* qui compte surtout des intellectuels, atomisée et déchirée en multiples tendances, ne joue pratiquement aucun rôle politique.

— *La droite parlementaire* trouve (difficilement) son unité autour de quelques mots d'ordre traditionnels : nationalisme, anticommunisme, orthodoxie libérale, cléricalisme; elle ne s'avère pas non plus capable de trouver des solutions à la crise.

— *Les ligues* (qui se développeront surtout à partir de 1932) naissent de la volonté de mettre fin à un régime parlementaire discrédité par son immobilisme et par les scandales. Différentes tendances se font jour, souvent antagonistes : quoi de commun, en effet, entre les royalistes de l'Action française dirigée par Léon Daudet, les groupuscules fascistes (qui trouvent un modèle en la personne de Mussolini, au pouvoir en Italie depuis 1923) et les Croix de Feu du colonel de La Rocque, créées en 1927 (ce mouvement qui n'hésite pas à recourir à la violence physique dans le « nettoyage » et l'occupation des rues se réclame d'une idéologie floue, basée sur un « esprit combattant » néobonapartiste).

### *Les intellectuels devant la crise*

La crise venant, la jeunesse intellectuelle s' « engage » profondément : les articles, les essais se multiplient, qui remettent en cause le capitalisme moderne, grand responsable de la crise, et son corollaire, la démocratie parlementaire. A droite comme à gauche on conteste les douteux avantages de la victoire de 1918, on relève les signes de déclin de la « Nation française ».

A droite, Drieu La Rochelle, qui a déjà fait paraître un pamphlet, *les Derniers jours*, en 1927, attribuera les raisons de son fascisme à « un violent refus de la France contemporaine, une nostalgie avouée d'un âge d'Or révolu, et le rêve moins précis d'un ordre nouveau » (*Gilles*, 1939). Préoccupé par « la décadence de l'Europe », Drieu cherche un remède dans l'unité du vieux continent (*le Jeune Européen*, 1927; *l'Europe contre les patries*, 1931). Les écrits d'Arnaud Dandieu et de Robert Aron expriment les mêmes idées : pour eux aussi, un changement s'avère indispensable *(la Révolution nécessaire)*. Des normaliens de la rue d'Ulm, R. Brasillach, T. Maulnier, M. Bardèche, etc., créent la revue *Réaction*, puis *Je suis partout* (1930).

A gauche, la revue *Esprit* — fondée en 1932 — reprend les thèses du catholicisme progressiste (critique de la répression coloniale en particulier). Paul Nizan et d'autres intellectuels communistes cherchent dans le marxisme le moyen de lutter contre la montée des théories fascistes, partageant la même répulsion que la droite pour la société existante, si bien que de nombreux militants passèrent d'un côté à l'autre et que le livre de Céline suscita les éloges de tous.

### *Culture et loisirs pour tous*

Paris est alors le centre d'une activité intense, que ce soit dans le domaine de la mode ou dans celui des spectacles et de la littérature, fascinant les jeunes artistes de toute nationalité, et particulièrement les jeunes écrivains anglo-saxons (H. Miller, E. Hemingway). Ce rôle de Paris appartenait à une longue tradition, mais l'analyse fait apparaître une donnée nouvelle, celle de la démocratisation des loisirs :

— *Le rôle de la presse*, qui reste le principal moyen d'information, est considérable (dix millions d'exemplaires). M. Henrouille retraité ne cachera pas sa satisfaction de pouvoir « s'offrir » le journal chaque jour. On apprécie spécialement les feuilles qui répandent les théories extrémistes et les journaux de « faits divers » (particulièrement sanglants dans *Paris-Soir*). Si leur contenu idéologique ou littéraire est souvent plus relevé que par le passé, leur ton est violent, la presse de droite allant même jusqu'à l'appel au meurtre.

— *Les spectacles :* ce sont les « revues » qui bénéficient alors des faveurs du public populaire, qui délaisse musique, opéra et ballet classique. On y va satisfaire son goût pour un spectacle complet (analogue à celui qu'offre le Tarapout), comique avec les chansonniers, réaliste et lyrique avec Fréhel, Jean Sablon, Maurice Chevalier, Lucienne Boyer... Divertissements faciles et peu onéreux.

— *Le cinéma :* très bon marché, il est fréquenté par toutes les classes sociales, d'autant qu'il met en scène les soucis des temps modernes. Dès 1930, apparaît le cinéma parlant qui, d'emblée, déchaîne l'enthousiasme.

— *La fête foraine* constitue le divertissement par excellence du banlieusard et le *Voyage* témoigne très largement de cette popularité.

— *Le sport* intéresse désormais les classes sociales les plus modestes (il a même son journal, *l'Auto*) : le football (le Championnat et la Coupe de France), le cyclisme (le Tour de France, les « Six Jours » au « Vel'd'Hiv »), la boxe professionnelle se disputent les passions du petit peuple des banlieues qui voit dans le sport un moyen de promotion sociale et une manière d'échapper au chômage, et — qui sait ? — de faire fortune.

## LES FORMES LITTÉRAIRES

Le paysage littéraire des années 30 offre une complexité qui n'eut que peu d'exemples : on voit, en effet, se côtoyer des formes romanesques héritières du XIXe siècle, comme le roman populiste, et des ouvrages, qui, par leurs aspects révolutionnaires, offrent des promesses de renouvellement. A la croisée de tous les chemins, le *Voyage* fait un large usage de certaines formes romanesques de son époque, que celles-ci servent de modèles ou de repoussoir.

### *Le roman de guerre*

Il avait connu une importante floraison dès 1916. Dans presque chaque cas, il occupe un statut ambigu, entre le récit, la fiction et la confession à vocation cathartique — ce sont souvent d'anciens combattants qui écrivent — et on voit se mêler, à loisir, intrigue et souvenirs personnels, toujours empreints d'une dramatisation intense, tant fut profond, dans les esprits, le choc causé par les horreurs de la Grande Guerre.

Les récits de souvenirs (Maurice Genevoix, *Sous Verdun*, 1916; *les Eparges*, 1923), les romans (*le Feu* d'Henry Barbusse, 1916; *les Croix de bois* de Roland Dorgelès, 1919; *l'Equipage* de Joseph Kessel, 1922, deux volumes des *Hommes de bonne volonté* de Jules Romains, et du côté allemand, *A l'ouest, rien de nouveau* d'Erich-Maria Remarque) jouent un rôle non négligeable : ils popularisent le personnage du « poilu », image de l'Homme perdu dans un cataclysme dont il fut lui-même l'artisan, et *ipso facto*, ils dressent la liste des scènes obligées que l'on retrouvera d'un ouvrage à l'autre : l'engagement, le baptême du feu, l'attaque, la garde de nuit, le combat singulier, la mort des copains, l'art et la manière de se procurer du ravitaillement, les plaisirs pris lors des permissions, l'attitude des gradés, etc. Ils dégagent des problématiques que l'on verra reprises et développées : le sentiment d'absurdité, l'arbitraire de la hiérarchie, le comportement « animal » de l'homme en présence de l'atrocité qui débouche sur l'acte gratuit (qu'on songe, par exemple, au meurtre du jeune Français par le narrateur dans *A l'ouest, rien de nouveau*) le recours à quelques valeurs sûres (le courage, la fraternité, les plaisirs charnels, l'amitié).

Le *Voyage*, en 1932, occupe une place assez tardive dans cette série, aussi peut-on penser que Céline a très largement réutilisé des schémas narratifs préexistants, à cette réserve près que l'attitude de Bardamu relève le plus souvent de la parodie. En effet, les écrivains réaffirment souvent, à travers les réactions de leurs héros, la grandeur des valeurs humanistes (la vie, le courage, la fraternité), celles-là mêmes que le romancier tournera en dérision (voir *infra*).

### *Le récit de voyage et le roman d'aventures exotiques*

Ce sont à coup sûr les formes littéraires les plus imitées et les plus parodiées par Céline; elles connaissent, en effet, à cette époque, un essor considérable et de grands écrivains s'y essayent, héritiers de toute une tradition littéraire. Deux continents attirent particulièrement l'attention des créateurs : l'Afrique et l'Asie; Joseph Conrad, dans *Au cœur des Ténèbres* (1902), avait déjà présenté une vision du Congo, trop réel, meurtri et exploité par le colonialisme. Gide, à son tour, dénoncera, dans le *Voyage au Congo* (1927) et le *Retour du Tchad* (1928) l'exploitation de l'Afrique noire. M. Leiris, après avoir rompu avec le surréalisme, participe à l'expédition Dakar-Djibouti d'où il ramène la matière de *l'Afrique fantôme* (1934), un reportage aux frontières de la poésie et de l'ethnologie. Le goût du public aidant, certains éditeurs (Flammarion et Grasset, en particulier) fondent des collections de livres à bon marché qui éditent des romans d'aventures exotiques : ceux-ci n'évitent ni les poncifs ni la facilité (à cet égard, on peut considérer *l'Atlantide* de Pierre Benoit (1919) comme un modèle) et contribuent à fabriquer une véritable mythologie de l'Afrique : cruautés, cannibales, tribus noires, fanatisme de l'Islam, blancs rongés d'alcoolisme et de malaria...

Le désir de voyage n'est pas gratuit ; on pense trouver sur un sol étranger l'évasion, on veut rompre avec une civilisation qui a prouvé qu'elle ne savait pas éviter la barbarie, on pense échapper à la monotonie d'une vie réglée, domestiquée qui élimine risque et imprévu ; les marginaux et ceux qui sont issus de catégories sociales malmenées par la société moderne et par la crise y voient un moyen de se réaliser, voire de faire fortune (cf. André Malraux, *La voie royale*, 1930).

*Le roman populiste* (que représenta au mieux *l'Hôtel du Nord* d'Eugène Dabit, voir *infra* « le Prétexte »)

Il constitue l'héritage humble et comme rétréci du naturalisme et a même fait l'objet en 1929 d'un *Manifeste* de Thérive et Lemonnier. Très à la mode entre les deux guerres, il renoue avec certaines obsessions typiquement zoliennes : la mort, la déchéance, la guerre, la désolation urbaine...

Ce courant trouve à notre sens son expression la plus achevée avec le réalisme poétique du Cinéma français entre 1932 et la deuxième guerre mondiale ; il reflète les grands problèmes de la société : le chômage, la montée de la gauche, la menace de la guerre, les mutations sociales, la misère... (Céline décrira Rancy comme un « Pays de cinéma d'avant-garde où les linges sales empoisonnent les arbres et toutes les salades ruissellent d'urine les samedis soir ») (P. 333 / F. 422).

Si certains cinéastes s'engagent politiquement à gauche (comme J. Renoir) et prétendent, à travers leurs peintures de types humains, accéder à une vision réaliste des choses et en proposer une interprétation rationnelle, d'autres se caractérisent par leur fatalisme, leur pessimisme : ils partent du réel, mais le transfigurent, et, par là même, le fuient. Ainsi le metteur en scène Jacques Feyder, dans *le Grand Jeu* (1934) et *Pension Mimosas* (1935), choisira-t-il comme héros des ratés, des marginaux, des déclassés dont il fait à la fois des victimes, des porte-parole, des dénonciateurs. La veine se poursuit avec Julien Duvivier (*La Bandera*, 1935; *Pépé le Moko*, 1936) qui privilégie le thème de la fatalité. Marcel Carné préfère donner de la réalité une interprétation naïvement manichéenne (*Quai des Brumes*, 1938, d'après un roman de Pierre Mac Orlan). L'acteur le plus célèbre du moment, Jean Gabin, incarne à merveille des personnages de « perdants-nés », à l'accent faubourien : leurs tentatives pour se sortir du monde pourri où ils vivent se solderont par des échecs.

### *Le roman proustien*

Proust est le seul romancier contemporain qui soit mentionné dans le *Voyage*, avec un commentaire critique des plus acerbes : « Proust, mi-revenant lui-même, s'est perdu avec une extraordinaire ténacité dans l'infinie, la diluante futilité des rites et démarches qui s'entortillent autour des gens du monde, gens de vide, fantômes de désirs, partouzards indécis... » (P. 74 / F. 99). C'est que sans doute le roman a changé de perspective : on ne se contente plus d'embrasser la complexité de la vie sociale et d'exprimer les richesses d'un Moi écœuré de tant de vacuité, mais on cherche surtout à témoigner de ses angoisses devant un monde de ténèbres. Il reste que le roman proustien sera toujours un exemple stylistique majeur, ce dont témoignent les pastiches qui émaillent le discours célinien : « Grand nombre de rencontres étrangères et nationales eurent lieu à l'ombre rosée de ces brise-bise parmi les phrases incessantes de la patronne dont toute la personne substantielle, bavarde et parfumée jusqu'à l'évanouissement aurait pu rendre grivois le plus ranci des hépatiques » (P. 74 / F. 99).

### *Le roman existentialiste*

Il est alors à ses débuts en France (*la Nausée* de Jean-Paul Sartre paraîtra en 1938); on redécouvre l'œuvre de S. Kierkegaard (dix-sept titres sont traduits entre 1929 et 1937) et on se passionne pour l'étude des romanciers russes (Dostoïevski en particulier) et pour quelques romans précurseurs (comme *le Loup des Steppes* d'Hermann Hesse) qui contribuent à la naissance du récit d'introspection philosophique à la première personne.

D'une manière générale, cette époque se caractérise par la critique des valeurs du positivisme : le monde parfait rêvé par la Science du XIXᵉ siècle n'existe pas ou aboutit à la monstruosité (*le Meilleur des Mondes* d'Aldous Huxley paraît également en 1932). On s'en prend même à la science historique dont l'humanisme utopique a été mis en défaut (Paul Valéry, *Discours sur l'Histoire*, 1932). Aux anciennes théories on oppose le principe de la relativité, récemment découvert. Férus de cosmopolitisme, les milieux littéraires découvrent les romanciers de langue anglaise (A. Huxley, la « génération perdue » de Faulkner et Dos Passos, et surtout J. Joyce); on réédite le *Sentiment tragique de la vie* de Unamuno (1913).

## LES CONDITIONS DE PRODUCTION ET DE DIFFUSION

### *La production*

L'édition d'un roman aussi peu ordinaire que le *Voyage* devait elle aussi revêtir une forme assez rocambolesque, dont certains aspects demeurent encore mystérieux aujourd'hui. En elle-même l'histoire de cette publication, pour fragmentaire qu'elle soit, n'en est pas moins révélatrice des différentes réactions causées par l'ouvrage, et d'autre part, établit un lien entre le *Voyage* et les autres œuvres de Céline.

Le romancier aurait présenté d'abord le manuscrit à la NRF : l'éditeur de Proust, de Gide, écrivains que par ailleurs il attaque violemment, possédait sans doute un prestige certain à ses yeux. L'accueil de Gallimard fut mitigé : au comité de lecture, le livre fut âprement discuté; A. Malraux et E. Berl le soutinrent, mais il déroutait et effrayait d'autres membres, comme B. Crémieux. Par contre, l'enthousiasme de Denoël fut immédiat. Le jeune éditeur belge avait déjà publié *l'Hôtel du Nord* d'E. Dabit. Il n'est jusqu'à la rencontre entre l'écrivain et l'éditeur qui ne fût empreinte de romanesque : Céline, ayant déposé son manuscrit sans nom ni adresse, on ne put le retrouver que grâce à une enquête quasi policière.

Le romancier surveilla anxieusement la parution du texte, exigeant une rigoureuse exactitude (« Surtout, n'ajoutez pas une syllabe au texte sans me prévenir », Lettre à Denoël), corrigeant personnellement les épreuves et s'occupant des moindres détails de la couverture du livre (« Pas de sentimentalisme typographique, du classique... Bistre et noir, ou noir et gris peut-être, et des lettres égales, un peu épaisses. C'est suffisant comme impressionnisme », *Magazine littéraire*, n° 116, p. 19).

### *La diffusion*

Le livre aurait paru à deux mille exemplaires vers le 5 octobre 1932 (la date exacte est encore sujette à caution), accompagné d'un « prière d'insérer », d'où on peut extraire des expressions significatives : « Le livre : roman impossible à classer, difficile à définir à cause de son originalité... L'auteur conte de la manière la plus humble et la plus candide; les esprits non prévenus devront s'incliner devant la fidélité de son témoignage. Son public : les médecins que l'auteur attaque avec une particulière violence, les universitaires, les lettrés. »

Ni Denoël ni Céline ne ménagèrent leur peine pour assurer au *Voyage* une certaine publicité (contrairement à ce que l'auteur a pu prétendre par la suite); des exemplaires nominatifs furent envoyés à certains des membres de l'Académie Goncourt et à des écrivains qui jouissaient alors d'une grande notoriété (J. Romains, F. Carco, A. Maurois, H. de Jouvenel), mais avec qui Céline — c'est le moins qu'on puisse dire! — ne devait pas se sentir de grandes affinités. Si le succès fut immédiat, le scandale le fut également, et on peut sans doute expliquer par là l'attitude curieusement ambiguë de l'écrivain. Les réponses aux questions posées au cours d'interviews, les lettres qu'il adresse aux critiques ne contribuent que d'une facon toute relative à éclairer le sens de l'œuvre : tantôt, il prétend, en effet, que l'histoire sentimentale entre Madelon et Robinson constitue le « fond du roman », tantôt il évoque une impression ressentie à la vue d'un tableau de Bruegel (« Je ne me réjouis que dans le grotesque, aux confins de la mort »), tantôt il nie avoir écrit dans une langue volontairement faubourienne, tantôt il affirme avoir inventé une langue antibourgeoise. Il prétend décrire « la vie telle qu'elle se présente », « l'humanité directe », donne Bardamu pour un Français type, mais refuse parallèlement une lecture réaliste de son œuvre (« qu'on n'y voie pas une tranche de vie »). De même, il récuse d'abord l'interprétation autobiographique du *Voyage*, mais finit par l'admettre tacitement.

*L' « affaire du Goncourt » et les procès*

Il serait superflu de raconter en détails de quelle manière le Prix Goncourt 1932 n'alla pas au *Voyage* à la suite d'un revirement inattendu des frères Rosny, mais fut décerné au roman de Guy Mazeline, *les Loups,* tandis que Céline obtenait pour sa part le prix Renaudot. L'important est de noter que Lucien Descaves, le plus ferme soutien de Céline au jury, déchaîna immédiatement un scandale, en claquant la porte et en accusant les autres membres d'avoir été payés pour modifier leur opinion. Les accusations furent reprises par deux journalistes, Galtier-Boissière *(le Crapouillot)* et M.-I. Sicard *(le Héron)*, contre lesquels R. Dorgelès et les frères Rosny déposèrent plainte. Un procès eut lieu, qui se termina pour Sicard par une condamnation assortie de dommages et intérêts importants. Les attendus du jugement (le 4 janvier 1934) mettaient en cause le livre lui-même « rempli d'expressions outrageusement triviales, grossières et intolérables » et le *Voyage* rejoignait au Panthéon des livres condamnés *les Fleurs du Mal* et *Madame Bovary*!

Même si l'écrivain n'avait, en aucune façon, participé à cette affaire, son livre se diffusait donc dans une ambiance empoisonnée et passionnelle de règlements de comptes plus ou moins sordides. Et sans doute Céline garda-t-il un souvenir fort désagréable de la parution du *Voyage*, qui pourtant le rendit célèbre du jour au lendemain, puisqu'il trouve (en 1933!) le livre « ennuyeux et plat à vomir », et que plus tard il le jugera « demi-classique, d'un style trop timoré ». Son attitude se fait même agressive : « J'en périrai, du *Voyage* » (lettre du 19 août 1947); il rend alors son livre responsable des haines dont il est l'objet : « Personne ne m'a pardonné le *Voyage* » *(D'un château l'autre)*.

# *L'auteur*

La chronologie suivante éclaire plus spécifiquement les données biographiques dont le *Voyage au bout de la nuit* transpose les situations (la guerre de 1914-1918, le séjour en Afrique de 1916, etc.). De la même façon, on mentionnera les événements historiques et les faits culturels dont le texte se fait l'écho, et qui semblent être directement intervenus dans l'élaboration de l'œuvre. Le lecteur pourra compléter, s'il le désire, ses connaissances de la biographie célinienne en parcourant *l'Album Céline* (Paris, Gallimard, Bibliothèque de la Pléiade, 1977) ou la chronologie établie par Henri Godard dans l'édition des *Romans I* de Céline (Paris, Gallimard, Bibliothèque de la Pléiade, 1981).

BIOGRAPHIE/ŒUVRES

1894 Naissance à Courbevoie, le 27 mai, de Louis, Ferdinand, Auguste Destouches. Il est le fils de Fernand Destouches et de Marguerite, Louise, Céline Guillou, mariés à Asnières en 1893.

Affaire Dreyfus.

1899 La famille Destouches s'installe passage Choiseul ; Marguerite y reprend un fonds de commerce.

1900 Louis entre à l'école communale.

1900 Exposition universelle de Paris.

1907 Certificat d'études primaires.

1910 Entre en apprentissage dans une maison de tissus.

1910-1911 Travaille chez Lacloche, joaillier.

1912 S'engage pour trois ans dans le 12e régiment de cuirassiers, à Rambouillet.

1913 Il est nommé brigadier en août.

1914 Nommé maréchal des logis, il participe à Longchamp à une revue présidée par Poincaré. Il est blessé le 17 octobre, blessure qui lui vaut la médaille militaire.

1914 (3 août) Déclaration de guerre.

1915 Il est réformé.

1916 Mariage avec Suzanne Nebout. Engagé en mars par la Compagnie forestière Sangha-Oubangui, il arrive en juin à Douala (Cameroun), puis travaille à Bikobimbo puis à Dipikar.

1917 Se fait rapatrier pour raisons de santé. Ecrit la nouvelle *Des vagues*.

1918 Engagé par la mission Rockfeller pour lutter contre la tuberculose. Séjours en Bretagne.

1918 (11 nov.) Signature de l'armistice. Fondation de la SDN.

1919 Obtient les deux parties du baccalauréat. Epouse Edith Follet.

1919-1929 « Boom » économique aux Etats-Unis.

1920 Naissance de sa fille Colette Destouches. Premières inscriptions à l'Ecole de médecine de Rennes.

1920 Création du Parti communiste français.

1922 S'inscrit à la Faculté de médecine de Paris.

1923 Prépare sa thèse ; est tenté par l'Institut Pasteur ; est introduit auprès d'un chercheur d'origine russe (Metalnikov).

1924 Soutient et publie sa thèse : *la Vie et l'œuvre de Philippe-Ignace Semmelweis (1818-1865)*. Entre à la section d'hygiène de la SDN.

1925 Mission médicale à Cuba, aux Etats-Unis (visite des usines Ford à Détroit), en Europe.

1926 Début de la rédaction de *L'Eglise*. Conduit une mission au Sénégal, au Soudan et en Guinée. Rencontre l'Américaine Elizabeth Craig.

1926 Poincaré au pouvoir, sauvetage du franc.

1927 Ouvre un cabinet médical à Clichy. Rédaction de *Progrès* (seconde tentative dramatique).

1928 Publications médicales. Devient collaborateur d'un laboratoire pharmaceutique, qu'il quittera en 1937.

| | |
|---|---|
| 1929 S'installe à Montmartre, rue Lepic. Obtient une place de vacataire au dispensaire municipal de Clichy. Début probable de la rédaction de *Voyage au bout de la nuit*. | 1929 Départ de Poincaré ; instabilité ministérielle.<br>1929 (25 oct.) « jeudi noir » à Wall Street. |
| 1930 Voyages en Europe. | |
| 1932 Présente son manuscrit à Denoël ; quelques liaisons féminines (Erika Irrgang...). | 1932 Crise politique et financière en France, scandales.<br>1933 Hitler chancelier. |
| 1932-1934 Nombreux voyages en Europe. | 1934 (6 févr.) Emeutes à Paris. |
| 1936 Rencontre Lucette Almanzor. Parution de *Mort à Crédit* | 1936 Victoire du Front populaire. |
| 1937 Rédaction de *Bagatelles pour un massacre*, son premier pamphlet. | |
| 1938 Participe à une réunion tenue par Darquier de Pellepoix. | 1938 Chute de L. Blum. Anschluss / accords de Münich (mars/sept.). |
| 1939 Condamné en diffamation pour *Bagatelles* et *L'Ecole des cadavres*. S'embarque comme médecin de bord sur le *Chella*. | 1939 (sept.) Déclaration de guerre. |
| 1940 Exode. | |
| 1941 Publication des *Beaux Draps*. | |
| 1942 Assiste au meeting de Doriot au « Vél' d'hiv' » à Paris. Début de la rédaction de *Guignol's band*. | |
| 1943 Mariage avec Lucette Almanzor. | |
| 1944 Part pour l'Allemagne : Baden-Baden, Berlin, Sigmaringen. | 1944 Débarquement allié en Normandie. |
| 1945 Mort de sa mère. Arrestation et incarcération au Danemark. | 1945 (8 mai) Signature de la capitulation allemande. |
| 1950 Condamné par la cour de justice de la Seine. | 1947 Débuts, en France, de la IV$^{e}$ République. |
| 1951 Amnistié par le tribunal militaire ; rentre en France et s'installe à Meudon, où il ouvre un cabinet médical. | |

| | |
|---|---|
| 1952-1960 Rééditions et nouvelles publications : 1956 le *Voyage* paraît dans le « Livre de poche » ; 1957 *D'un Château l'autre* ; 1960 *Nord*. | 1958 De Gaulle appelé au pouvoir ; fin de la IVe République. |
| 1961 Mort de Céline à Meudon, le 1er juillet. Il vient d'achever une seconde version de *Rigodon*. | 1961 (avril) putsch d'Alger. |

# *Le prétexte*

## LA GENÈSE

### *Les œuvres antérieures*

Parmi les textes publiés par Céline avant le *Voyage*, on peut distinguer :

— Des notes prises en novembre-décembre 1913, qui deviendront *Les Carnets du cuirassier Destouches* (Gallimard, 1952), elles témoignent déjà du dégoût et du sentiment d'absurdité qui habitent l'auteur face au monde militaire.

— Une nouvelle d'inspiration satirique, *Des Vagues*, qu'il écrit sur le bateau qui l'emmène en Afrique (1918)[1]; il y transpose une situation vécue; le désœuvrement des passagers et la promiscuité seront, comme sur l'*Amiral-Bragueton*, sources de conflits.

— Des ouvrages scientifiques, et notamment sa thèse de doctorat en médecine, *La vie et l'œuvre de Philippe-Ignace Semmelweis* (mai 1924; publiée en 1936, Denoël et Steele). C'est la rédaction de cet ouvrage qui lui aurait véritablement donné le goût de l'écriture. Il y témoigne déjà d'une certaine propension à philosopher, sensible dans de multiples aphorismes : « Dans l'Histoire des temps, la vie n'est qu'une ivresse, la Vérité, c'est la Mort. »

— Une pièce de théâtre, *L'Eglise* (fin 1926; publiée en 1933, chez Denoël et Steele), qui attire particulièrement notre attention. En effet, pour lacunaire qu'elle soit, la genèse du roman ne laisse pas de présenter un intérêt particulier puisque la trame du récit du *Voyage* — l'histoire du

1. Gallimard, 1978, coll. « Cahiers Céline », n° 4.

héros Bardamu, avait d'abord donné lieu à la création d'une pièce de théâtre. Céline a situé l'action de *l'Eglise* en Afrique, aux Etats-Unis et dans le milieu de la SDN; il se livre à une satire des responsables juifs de cette organisation. On y voit, aux actes IV et V, Bardamu exercer la médecine à Barbagny, commune imaginaire de la banlieue parisienne. Le héros y est déjà un marginal sans idéal ni croyance quelconque, il refuse toute espèce d'intégration, sympathisant facilement avec ceux qui lui ressemblent. Le détail de l'intrigue présente des points de convergence avec le roman : ainsi à la mort de Bébert, que Bardamu s'avère incapable de soigner, correspond, dans *l'Eglise*, la scène de l'enfant qu'il ne peut mettre au monde. Mais le passage de la forme théâtrale à la forme romanesque donne de la cohérence au propos : le romancier unifie sous la seule voix du narrateur toujours présent les différents discours. Et, d'autre part, Bardamu ne connaît pas dans *l'Eglise* l'expérience déterminante de la guerre. Céline a éliminé de sa version romanesque les éléments d'antisémitisme, gommant, semble-t-il volontairement, les théories les plus excessives. On peut noter, en outre, que si le langage populaire est utilisé dans la pièce, il ne l'est que par certains personnages, les petites gens de la banlieue par exemple, et qu'il s'agit surtout de déformations phonétiques, alors que la critique sera frappée, en 1932, par la nouveauté manifeste du style romanesque. En définitive, l'intérêt de *l'Eglise* réside surtout dans le principe, adopté par l'écrivain, de la transmutation des données de l'expérience, que l'on verra appliqué dans tous les romans à venir.

### *Les conditions de la rédaction*

Céline n'a jamais fourni d'indications très précises sur le moment où il a débuté la rédaction de son roman ni même sur la durée de cette entreprise; cependant, le *Voyage* pourrait avoir été commencé dans le courant de 1929, peut-être avant la parution du roman d'E. Dabit, *l'Hôtel du Nord*, en novembre; l'écrivain habitait alors Clichy où il assurait une vacation quotidienne au dispensaire municipal et il venait enfin de trouver, à l'âge de 35 ans, une certaine stabilité matérielle. Cependant, les déceptions s'accumulent tant sur le plan littéraire (les manuscrits de *Semmelweis* et de *l'Eglise* ont été refusés par la NRF en 1927 et 1928) que sur le plan professionnel (son expérience du monde médical lui a démontré l'impuissance de la science devant les misères humaines).

Sur les conditions matérielles qui présidèrent à la rédaction même de l'ouvrage, Céline a été plus explicite : « Une heure par ci, une demi-heure par là, en fin de journée », « ... J'écris comme je peux, où je peux... Pendant toute ma vie, j'ai volé des heures à ceux qui m'employaient » (entretien avec Robert Poulet, 1956). Ce discours appelle un certain nombre de remarques : Céline n'écrit ni à heures fixes, ni dans des lieux consacrés et il refuse à travers ce qui pourrait devenir rituel la professionnalisation de son activité d'écrivain. Cette dernière se trouve même marginalisée et assimilée à un délit. Jusqu'au bout, écrire restera, pour Céline, l'acte asocial par excellence, la traduction de la révolte profonde de son être contre la société.

### *L'étude du manuscrit*

Il se composait, à l'origine, de deux parties dont on ne possède que la première, dactylographiée. Elle a reçu de nombreuses corrections et des additions manuscrites (Céline, par la suite, refusera toute dactylographie, même partielle, de ses œuvres, avant l'élaboration de la version définitive). Il existe également un deuxième état du roman qui diffère sensiblement du texte définitif, ce qui suppose des corrections directement sur épreuves. Il apparaît que la démarche de l'écrivain procède davantage par enrichissement, amplification, développement que par éliminations. Si la mise au point définitive de l'ouvrage semble avoir exigé un énorme travail, la rédaction, aux dires de Céline, aurait été relativement aisée dès lors que l'auteur avait trouvé, intuitivement, sa direction : « La première phrase, la première page... Ça y était, je n'avais qu'à me laisser aller jusqu'au bout. »

### *Le titre du livre*

Il aurait été emprunté au couplet d'une chanson des Gardes suisses de 1793 :

> Notre vie est un voyage
> Dans l'hiver et dans la nuit
> Nous cherchons notre passage
> Sous le ciel où rien ne luit...

Mais il semble qu'il s'agisse là encore d'une des mystifications chères à l'écrivain.

## LES SOURCES

### *L'expérience personnelle de Céline*

Elle est évidemment la source première du texte. Il est impossible de ne pas noter les similitudes entre l'itinéraire de l'écrivain et le « voyage » de Bardamu : la guerre de 1914-1918, le séjour en Afrique, la connaissance de l'Amérique, l'exercice de la médecine sociale dans la banlieue parisienne ont fourni le « matériau » de base du roman. Mais le « traitement » de cette expérience, sa transposition dans le domaine de la fiction dépendent également de plusieurs données littéraires et philosophiques.

*Les sources littéraires*

Ce n'est pas sans certaines précautions que l'on se doit de prononcer le mot « sources » lorsqu'il est question de Céline. Sans doute trouve-t-on dans l'œuvre de l'écrivain des traces de ses lectures, contemporaines ou non, mais il n'imite pas : il s'oppose à ses modèles, ou le plus souvent développe jusqu'à leur terme des possibilités qu'ils contenaient et qu'ils n'avaient pas pu ou pas voulu exploiter, faute d'audace. Dans le domaine littéraire Céline a dressé une liste de ses « sources » qu'il mentionne avec quelques variations, lorsqu'on lui parle d'inspirateurs : H. Barbusse, E. Dabit, P. Morand, L. Daudet et Ramuz.

*a* / *H. Barbusse.* — Céline a dû lire, vers 1917, le livre d'Henri Barbusse, *Le Feu,* qui lui a longtemps paru être, au-delà des divergences politiques qui le séparent de l'écrivain communiste, le plus fidèle témoignage sur la Grande Guerre. Cependant le traitement du réel chez Barbusse ne va guère au-delà du simple naturalisme, tel que l'a voulu Zola : l'écrivain s'en prend à « la folie du genre humain », aux inégalités sociales, à la défense par la classe bourgeoise de ses privilèges, thèmes très largement exploités par la littérature de « gauche ». Enfin, si Barbusse s'efforce de restituer la langue populaire des soldats avec une certaine fidélité, c'est en contrepoint de récits écrits dans un français très littéraire; cette juxtaposition suffit à rendre artificielle la langue orale des « poilus » et réinstaure, de fait, une hiérarchie entre les différents langages. On mesure, à l'évidence, combien Céline aura fait preuve d'une plus grande audace en faisant disparaître cette dualité dans son roman.

*b* / *Eugène Dabit.* — Céline, à l'époque de la publication du *Voyage*, a dit et redit avoir été inspiré par la lecture du roman d'E. Dabit, *l'Hôtel du Nord* (1929). Or, on sait aujourd'hui qu'il avait songé avant cette date déjà à mettre sous forme romanesque les tribulations de Bardamu; mais l'insistance même du romancier sur le rôle de Dabit appelle quelques remarques. Comme Céline, Dabit puise largement dans son expérience personnelle le matériau de ses romans : son récit évoque sans aucun doute les personnages ou les décors qu'il avait personnellement connus chez ses parents, quai de Jemmapes; *Petit Louis* (publié en 1930) raconte l'adolescence d'un jeune ouvrier, sa vie de recrue, et enfin son expérience de la guerre. Dabit, lui aussi, s'essaie à reproduire le français parlé des milieux sociaux modestes; il tente de restituer la brutalité et la simplicité des faits, en évacuant de la narration toute forme de lyrisme.

Cependant, Céline ne tardera pas à juger trop plaintive, trop timide, la révolte de Dabit : ses personnages, s'ils sont misérables, sont néanmoins sauvés du pessimisme le plus noir par leur goût des petits bonheurs, des petites joies de la vie quotidienne auxquels ils se raccrochent : les ouvriers et les soldats de Dabit oublient leurs misères dans la chaleur affective et trouvent leur bonheur dans la solidarité avec leurs semblables, ainsi que dans la soumission à l'ordre naturel des choses.

*c / Paul Morand.* — La parenté de Céline avec l'auteur de *l'Homme pressé*, pour peu évidente qu'elle soit, n'en est pas moins profonde : il partage avec lui un goût prononcé pour le cosmopolitisme et le voyage qui lui permet de fuir les angoisses et de scruter le monde d'un œil critique. De plus, Morand éprouve le sentiment très aigu de vivre une époque charnière (« Nous sommes des générations de cobayes »); les hommes, qui ont vu leurs illusions humanistes détruites par la guerre, sont à la recherche de certitudes et prêts à se livrer aux expériences les plus diverses (entre autre l'érotisme). Céline fut incontestablement séduit par « l'immoralisme » et l'individualisme de cet écrivain, par son culte de la modernité, et surtout par le caractère très discontinu, très disparate, de son discours : « Morand est le premier de nos écrivains qui ait jazzé la langue française. »

*d* / *Ramuz.* — Céline partage avec Charles-Ferdinand Ramuz la certitude profonde que la langue écrite — le français officiel — que l'on apprend à l'école est artificielle, et, donc, impropre, par son inexactitude, à traduire les sensations et même les sentiments vécus par les hommes, théorie qui conduit l'écrivain suisse à renier totalement la rhétorique classique. D'autre part, ses positions antisémites ne pouvaient que trouver en Céline un écho favorable.

*e* / *Léon Daudet.* — Il n'est cité qu'une fois par le romancier au nombre de ses « sources », en 1937, et encore l'allusion est-elle assez peu claire. Peut-être songe-t-il à la satire des milieux médicaux qui avait inspiré à Daudet *les Morticoles* en 1894 ?

### *Les sources philosophiques*

L'influence des théories psychanalytiques sur l'élaboration du *Voyage* est affirmée à de nombreuses reprises par Céline lui-même. D'ailleurs Denoël, l'éditeur du roman, avait fondé une collection de textes psychanalytiques, inaugurée par *Psychanalyse, doctrines et applications* d'Allendy, essai que Céline possédait. En 1932, y paraîtront *Don Juan et son double* d'Otto Rank et *l'Avenir d'une illusion* de S. Freud. En 1927, avait été éditée la première traduction française des *Essais de psychanalyse* : dans ces études, le savant autrichien tirait des phénomènes causés par la guerre des conséquences importantes qui, dans une certaine mesure, venaient infirmer quelques-unes de ses théories antérieures : le « principe de plaisir » serait en effet contrarié par « la contrainte de répétition »; l'instinct aurait tendance à reproduire d'abord ce qu'il a vécu, même s'il s'agit d'une expérience traumatisante comme la guerre. Le principe de vie, qui par lui-même suppose l'évolution, contredirait le caractère conservateur des instincts. La mort ne serait pas autre chose, au fond, qu'un retour à un état antérieur à celui de la vie, si bien que la « fin vers laquelle tend toute vie est la mort » et que « toute vie instinctive tendrait à ramener l'être vivant à la mort ». Dans les *Considérations actuelles sur la guerre et sur la mort*, Freud analyse les conséquences sur l'inconscient du conflit mondial que le monde est en train de vivre : « Nous supprimons personnellement et à toute heure du jour tous ceux qui nous ont offensés ou lésés... A en juger par nos désirs, nos souhaits inconscients, nous ne sommes qu'une bande d'assassins. » Ailleurs, Freud insistera sur l'identité profonde du sadisme et du masochisme : « L'autodestruction ne peut pas s'effectuer sans satisfaction libidinale » (*Revue française de Psychanalyse*, 1928). Ce que Céline a retenu des théories freudiennes témoigne de la schématisation qu'il leur fera subir, et on peut supposer qu'il s'est souvent contenté de prendre les expressions du psychanalyste autrichien au pied de la lettre : « Envie chez l'homme latente de tuer et d'être tué. » Dans le *Mémoire pour le cours des hautes études* (1932), il démontre que « la grande majorité des malades aiment leurs maladies », toutes conclusions dont le *Voyage* se fait l'écho, à plusieurs reprises. Par ailleurs, on a pu estimer que le *Don Juan et son double* où O. Rank analyse le thème du Double dans la mythologie, le folklore et la littérature pouvait éclairer d'un œil nouveau les rapports de l'écrivain avec ses héros Bardamu et Robinson.

# *Le texte*

## LE RÉEL

### L'ESPACE RÉFÉRENTIEL

D'un bout à l'autre du *Voyage*, quelles que soient les étapes, les pauses de Bardamu (la guerre, l'Afrique, l'Amérique, Rancy...), un sentiment domine : l'impression que l'être humain erre dans un monde qui le repousse et l'agresse. Au fil des pages, le lecteur perçoit de plus en plus cette rupture entre le « héros » et les univers dans lesquels il évolue — entre sa conscience et l'ordre naturel des choses.

Car l'écriture célinienne met en cause la perception humaniste du Réel. A une époque où d'autres écrivains (Ramuz, Giono, Genevoix) conçoivent la nature comme un espace salvateur, intemporel, transcendant les réalités historiques, Céline, lui, transpose dans l'espace romanesque un Réel totalement négatif : rares sont les moments où Bardamu peut embrasser un lieu, un paysage avec quelque euphorie. Une infrangible distance sépare l'homme de son milieu; les choses, les sociétés humaines, et animales, la Nature n'ont rien à lui dire, n'ont aucune vertu consolatrice; l'anthropomorphisme n'a aucune raison d'être dans un monde que la subjectivité du narrateur a bien du mal à ordonner ou rationaliser.

#### *L'inhumaine nature*

Avec le *Voyage au bout de la nuit*, la Nature perd le statut sécurisant que, depuis le XIX$^{e}$ siècle, les écrivains avaient pu lui conférer. Ce romantique lieu d'exaltation de l'âme et de concentration philosophique devient, dans l'œuvre de Céline, un espace étouffant qui, loin de porter les rêveries de l'homme aux dimensions de l'infini, l'écrase et lui fait ressentir la précarité de son existence :

> La nature est une chose effrayante, et même quand elle est fermement domestiquée, comme au Bois, elle donne encore une sorte d'angoisse aux véritables citadins (P. 55 / F. 76).

C'est d'abord le monde tropical de l'Afrique qui, dans tous ses excès, signifie à l'homme son néant, en le « rapetissant » peu à peu :

> La végétation bouffie des jardins tenait à grand-peine, agressive, farouche, entre les palissades, éclatantes frondaisons formant laitues en délire autour de chaque maison, ratatiné gros blanc d'œuf solide dans lequel achevait de pourrir un Européen jaunet (P. 143 / F. 188).

Les éléments essentiels de la planète supplantent l'homme par leur force vitale aberrante, à l'image de « l'infinie forêt [...] peuplant, pressurant monts et vallées, monstrueusement abondante comme le ciel et l'eau » (P. 163 / F. 211). L'Afrique se révèle effrayante par cette puissance irrationnelle qui, loin d'être pour l'homme un enseignement, l'infériorise, le ravale à sa mortelle condition, lui démontre qu'il est, non pas l'Elu de la Terre, mais un avatar sans vigueur, incapable de prospérer dans cet univers superlatif.

Les natures visiblement plus « domestiquées » qui apparaissent à d'autres moments du *Voyage* mènent Bardamu à de semblables conclusions; nulle trace d'humanité dans la campagne française, « avec ses bourbiers qui n'en finissent pas, ses maisons où les gens n'y sont jamais et ses chemins qui ne vont nulle part » (P. 13 / F. 23). La description a également une portée symbolique : la contemplation de la nature ne mène à aucune vérité, aucune certitude intellectuelle; la seule signification de ces paysages que Ferdinand traverse à tâtons, c'est leur irréductible indifférence à la

« psyché » humaine. Prison du corps, prison de l'âme : la Nature possède cette double caractéristique, qu'elle domine physiquement l'homme par sa puissance, ou qu'elle l'enferme dans les préoccupations de son « moi », sans fournir aucune réponse valable aux questions que sa conscience lui pose.

### *L' « Espace-prison », lieu du délire et de la mort*

La nature renvoie les hommes, « enfermés sur la terre comme dans un cabanon » (P. 13 / F. 24), à leurs souffrances quotidiennes; une vie ainsi paradoxalement cloîtrée en pleine nature s'oriente vers la folie. C'est ce qu'enseigne implicitement l'expérience africaine de Bardamu : les descriptions y abondent, qui font de la nature vierge le lieu de toutes les folies, sous un ciel crépusculaire « tout giclé d'écarlate en délire » (cf. commentaire p. 123).

La ville participe elle aussi de cet emprisonnement, de cette démence cosmiques; ainsi la verticalité de New York écrase-t-elle les rues étroites où les pauvres se promènent « le nez en bas ». Plus tard, dans les environs de Toulouse, « on découvre [...] cette petite ville dans son creux, ratatinée autour du clocher planté comme un clou dans le rouge du ciel » (P. 407 / F. 512); à la menace sanglante de la nature, symbolisée par ce rougeoiement, s'ajoute encore le rétrécissement de l'espace urbain. Mais la synthèse de toutes ces angoisses est exprimée dans la célèbre description de Rancy (P. 238-240 / F. 304-306), préambule de la partie centrale du livre; l'humanité est « coincée » entre ciel et terre dans un monde qu'elle ne peut dominer : l'image de la vase montre bien l'immutabilité chaotique de la condition humaine; l'urbanisme y ajoute encore son oppression (« le tramway emporte sa foule se faire comprimer dans le métro »; « les maisons vous possèdent »). Le décor est là pour signifier à tous moments que l'homme est un « être-pour-la-mort », dont la destination première et ultime est la destruction (« il en passait des pleins paquets avec des pleines bordées d'ahuris bringuebalant, dès le petit jour, par le boulevard Minotaure, qui descendaient vers le boulot »; « le métro avale tous et tout »).

A cette pulsion destructrice, la ville ajoute tous les signes possibles de décomposition et de pourriture : l'impression de délabrement général du cosmos, que les derniers romans de Céline porteront au paroxysme, figure déjà dans le *Voyage*; la terre vire à l'égout, au cloaque :

> Dans le grand abandon mou qui entoure la ville [...] la ville montre à qui veut le voir son grand derrière en boîtes à ordures [...] Tout près, moisit la petite fête foraine [...] Par terre, la boue vous tire sur la fatigue et les côtés de l'existence sont fermés aussi, bien clos par des hôtels et des usines encore. C'est déjà des cercueils les murs de ce côté-là (P. 95 / F. 124-125).

L'univers est, chez Céline, hyper-expressif, signifiant toujours à l'homme un devenir horrible, empreint de souffrance et de lente désagrégation physique. Les cloaques du *Voyage au bout de la nuit* diffèrent en ce sens des décombres qui investissent les derniers romans d'un Robbe-Grillet — objets neutres, niant justement par leur présence hétéroclite et antifonctionnelle l'histoire et le temps, qui les abîment à peine. Dans le *Voyage* au contraire, les descriptions urbaines montrent qu'un destin implacable pèse sur les êtres et les choses, que rien n'échappe à la dissolution finale :

> Il ne reste plus qu'un ou deux débits de ces temps-là, invendables et moisis et repris déjà par les glycines lasses qui retombent au versant des petits murs cramoisis d'affiches. La herse pendue entre deux gargouilles n'en peut plus de rouiller. C'est un passé auquel on ne touche plus. Il s'en va tout seul (P. 298 / F. 378-379).

Les tuiles moussues chutent en dégringolades sur les hauts pavés bossus comme il n'en existe plus guère qu'à Versailles et dans les prisons vénérables (P. 298-299 / F. 379).

On est donc fort loin d'un Réel où « l'Homme, mesure de toutes choses », évoluerait libre et heureux; nul Eden possible dans ce cosmos carcéral où l'infini échappe à la perception physique et à l'entendement du sujet.

*L'agression des choses*

Les choses constituent, à l'échelle microscopique, un autre univers irrespirable, plus agressif encore. Dépourvues de leurs valeurs fonctionnelles d' « objets », les choses ne semblent jamais produites par et pour l'homme; elles échappent à son contrôle, elles n'ont avec lui qu'un rapport d'indifférente altérité :

On croit qu'elles vont parler les choses et puis elles ne disent rien du tout et sont reprises par la nuit bien souvent avant qu'on ait pu comprendre ce qu'elles avaient à vous raconter (P. 312-313 / F. 396).

Les descriptions d'êtres inanimés dans le *Voyage* mettent toujours en évidence trois caractéristiques, à quoi se réduit la plupart du temps leur présence : saturation, désordre, décomposition. Les objets de la perception ne peuvent occuper de place définie dans l'espace; au contraire, celui-ci est envahi de façon incompréhensible et anarchique, et les choses ne laissent que de vagues signes de leurs destinations d'origine; ainsi, dans le laboratoire de l'Institut Bioduret, un capharnaüm de débris hétéroclites envahit-il l'espace vital humain :

Il ne s'y trouvait encore personne dans ces laboratoires, pas plus de savants que de public, rien que des objets bousculés en grand désordre, des petits cadavres d'animaux éventrés, des bouts de mégots, des becs de gaz ébréchés, des cages et des bocaux avec des souris dedans en train d'étouffer, des cornues, des vessies à la traîne, des tabourets défoncés, des livres et de la poussière, encore et toujours des mégots... (P. 279 / F. 354-355).

Parmi les « choses » dangereuses et envahissantes qui peuplent le roman, il faut faire figurer les petits êtres biologiques : végétaux, animaux minuscules, moisissures et champignons composent un monde horrifique, qui, de façon obsessionnelle, dévore tout ce qui existe — hommes, bêtes et matières; tels sont les moustiques de Fort-Gono, les fourmis rouges de Bikomimbo, ou les mollusques « agiles et prestes qui venaient par milliers » « bouffer » l'embarcadère de Topo, consommé sitôt que reconstruit (P. 149 / F. 195). Le *fourmillement irrationnel* des *insectes* et des parasites crée en retour chez le narrateur une véritable obsession : il propose, tout juste débarqué à New York, de devenir « compte-puces », cherchant ainsi à maintenir ces parasites nuisibles au moins dans le cadre formel et logique des mathématiques : « Un pays progressiste doit connaître le nombre de ses puces, divisées par sexe, groupe d'âges, années et saisons... » (P. 188 / F. 242). Mais l'évidente dérision d'une telle activité ne peut dissimuler la force génétique de ces animalcules qui résument à eux seuls les pulsions essentielles du cosmos (reproduction de la vie et destruction violente) : « la nuit, c'est le bruit qui est le plus difficile à supporter [...] C'est les bestioles du bled qui se coursent pour s'enfiler ou se bouffer » (P. 164 / F. 213).

Le seul message, en fait, que semblent délivrer tous ces êtres et objets est la marque irréductible du temps. Simultanément à leur présence, ils désignent leur devenir — leur mort; « être-là », c'est marcher vers la décomposition :

> Au kiosque, les journaux du matin pendent avachis et jaunes un peu déjà, formidable artichaut en train de rancir (P. 297 / F. 377).

Par leur purulence agressive, les choses, tandis qu'elles s'abîment, corrompent le temps lui-même : à aucun moment du récit, Bardamu ne semble traverser un monde neuf ou naissant; l'univers entier est tout juste en sursis. D'ailleurs, ce décor apocalyptique ne va pas cesser de caractériser le romanesque célinien : l'atelier de Courtial *(Mort à crédit)*, le château de Sigmaringen *(D'un Château l'autre)* seront autant de lieux hantés de vestiges usés et inclassables du passé.

*L'effet de symbole*

C'est au fond une même temporalité qui unit dans la décomposition l'homme et la matière, et l'agressivité suprême du réel consiste à faire ressentir au sujet percevant sa propre inutilité, son inéluctable vieillissement :

Tout avait changé autour de nous. Pas les objets de place, bien sûr, mais les choses elles-mêmes, en profondeur. Elles sont autres quand on les retrouve les choses, elles possèdent, on dirait, plus de force pour aller en nous plus tristement, plus profondément encore, plus doucement qu'autrefois, se fondre dans cette espèce de mort qui se fait lentement en nous, gentiment, jour à jour... (P. 373 / F. 471).

On perçoit à ce stade l'ambiguïté du décor célinien : l'espace du *Voyage au bout de la nuit* semble tenir à la fois d'un décor réaliste et d'un univers symbolique. D'un univers réaliste, dans la mesure où les choses suscitent cette « illusion réaliste »[1] que Barthes et les structuralistes ont pu déceler, après Flaubert, dans les romans « modernes »; dans ce cas, l'élément descriptif, par la « carence de son signifié », renverrait purement et simplement au

1. Ces thèses de Roland Barthes sont exposées dans un article, *l'Effet de réel*, publié avec d'autres analyses structurales dans *Littérature et réalité*, Paris, Points/Seuil, 1982.

référent : les objets « seraient là », dans l'espace littéraire comme ils sont dans la vie : sans détermination précise. Pourtant si, dans le *Voyage*, tout est — simplement — « présent », est-ce pour cela qu'il n'y aurait rien « à comprendre » ?

Quand le narrateur s'appesantit à ce point sur la description des choses, il semble interroger le monde et tenter d'en faire jaillir un sens, toujours sous-jacent, ou toujours situé à l'intérieur de l'objet; mais cette intériorité ne s'exprime pas, reste toujours en deçà des mots. Tout se passe comme si, par-delà l'opacité des choses, Ferdinand percevait une seconde réalité, se dérobant perpétuellement, et qui ne ferait que renvoyer l'homme aux évidences premières : la vie, la mort.

Il est d'ailleurs dans le récit un certain nombre de figures pseudo-réalistes, délibérément conçues comme allégoriques ou symboliques. Ainsi le fleuve, plus que tout autre élément du paysage, a-t-il perdu tout pouvoir d'illusion référentielle : il connote le nécessaire écoulement de la vie, et provoque chez Bardamu ou d'autres personnages un appel à la méditation sereine, même si l'eau dérive, comme toute existence, vers la mort. D'une manière analogue, le bestiaire célinien comporte un certain nombre d'animaux allégoriques : tel le crabe, dont la présence obsédante ne doit rien aux hasards du réalisme; cet animal humilié, agressif et charognard, dont le biotope est la boue excrémentielle, illustre sur un mode sauvagement dérisoire la condition humaine, reflète de façon caricaturale l'inconscient de l'homme.

Il se produit en somme dans le *Voyage* un « effet de symbole » permanent, chaque élément du décor ne renvoyant pas simplement à un référent, mais à une présence symbolique perceptible seulement de l'extérieur, et en soi quasiment indéchiffrable. C'est cet « effet » qui définit la perception de Bardamu, pour qui tout a « du » sens. Là réside l'horreur du Réel : ne cessant d'envelopper l'être humain de significations que ce dernier ne peut appréhender qu'imparfaitement, il demeure par essence un univers hostile.

### *Le Moi et les Autres*

On peut cependant objecter que par son principe même la narration fonde l'ambiguïté symbolique du *Voyage*. Le réel est transmis au lecteur par l'intermédiaire d'une subjectivité (le « Je » de Bardamu) : ne serait-ce pas la simple projection du Moi sur l'univers qui constituerait l'effet de symbole ? Ce Moi en quête d'identité, ne viendrait-il pas forcer les choses à signifier à tout prix ? On connaît l'assertion gidienne selon laquelle Céline ne présenterait pas tant la réalité que l'hallucination que celle-ci provoquerait en nous.

De fait, le caractère paranoïde du discours célinien, patent dans les dernières œuvres, apparaît déjà nettement dans le *Voyage au bout de la nuit*. Pour Bardamu, la Nature et les hommes sont « l'Autre », dont l'existence constitue un danger permanent, une conspiration générale contre le moi :

> A mesure qu'on reste dans un endroit, les choses et les gens se débraillent, pourrissent et se mettent à puer tout exprès pour vous (P. 275 / F. 349).

La nature ne ferait donc, à l'échelle de son gigantisme, que reproduire les pulsions agressives de tout milieu humain.

Car de ses voyages Bardamu retire la certitude que tout homme, toute société ne cherche qu'à nuire à autrui : « C'est des hommes et d'eux seulement qu'il faut avoir peur, toujours » (P. 15 / F. 26). Et « dans la vie courante, réfléchissons que cent individus au moins dans le cours d'une seule journée bien ordinaire désirent votre pauvre mort » (P. 116 / F. 153). C'est là un des motifs dominants du roman, et qui envahira totalement les *Féeries* et les « chroniques »; tout individu est désigné au massacre dès l'instant qu'il ne se soumet pas aux règles, normes et désirs des autres[1]. Pourtant, l'expression de ce « délire de persécution » revêt dans le *Voyage* un aspect particulier. D'abord parce que la part autobiographique s'y fait, pour le lecteur, moins sentir que dans les chroniques. Il est difficile, à partir des *Féeries* I et II, de séparer Céline de l'écrivain marginal et mythique qu'il met en scène; dans le *Voyage*, l'illusion romanesque est plus forte : Ferdinand, c'est avant tout Bardamu, « un homme sans importance collective, tout juste un individu », comme son homologue de *l'Eglise*. Ensuite, la mise en valeur de la paranoïa ne laisse pas d'être ambiguë; car la peur de l'Autre est, tout au long du livre, contrebalancée par un intense besoin de communication.

Le profond pessimisme qu'exprime Bardamu à l'égard de tout groupement humain se mêle à un épidermique désir d'échange, de connaissance d'autrui; l'humanisme de Ferdinand est bien réel, mais perpétuellement frustré par une réalité qui le nie. Dans le texte, au milieu du dégoût absolu de l'humanité, subsistent quelques réflexions nostalgiques : « on a honte de ne pas être plus riche en cœur et en tout et aussi d'avoir jugé l'humanité plus basse qu'elle n'est au fond » (P. 235 / F. 299). De la tradition populiste, Céline conserve par moments le héros compatissant, penché sur le malheur des humbles : traits qui composent le personnage de Bardamu quand il écoute, dans une cour à Rancy, les cris d'une petite fille objet du sadisme parental, ou ne peut admettre la mort de Bébert : le médecin qu'est Ferdinand aurait alors pour tâche non pas la simple pratique d'une technique médicale, mais la compréhension du

1. On rappellera ici les continuelles exclamations de Céline, dans la trilogie finale *(Nord, D'un Château l'autre, Rigodon)* : « Le plus indigne, le plus puant, il en faut un, c'est vous, voilà !... vous êtes celui ! » (*Nord*, P. *(II)* 607 / F. 476).

malheur, et serait mû par une forme d'altruisme sans espoir : de là aussi l'admiration de Ferdinand pour le soldat Alcide, dont l'existence est subordonnée aux soins qu'il prodigue à une enfant paralysée : « il me dépassait tellement par le cœur que j'en devins tout rouge... A côté d'Alcide, rien qu'un mufle impuissant, moi, épais, et vain j'étais... » (P. 159 / F. 207).

Si le Réel est tragique, c'est finalement parce qu'il ôte à l'homme tout espoir d'harmonie avec les « semblables », qu'il démontre, *par la force des choses*, l'échec des idéaux de l'humanisme; le narrateur devient alors le lieu de ce conflit tragique, où s'affrontent deux perceptions inconciliables de la réalité : une intuition de la vérité agressive et malfaisante des choses et de l'humanité, et le désir impraticable de communion humaine.

## LES ERRANCES IDÉOLOGIQUES DE BARDAMU

### *Psychologie/sociologie*

Face au réel, l'attitude de Bardamu est empreinte de contradictions non résolues; on perçoit surtout ses indécisions dans ses jugements sur les comportements humains; là, malgré le tranchant de ses assertions, les indécisions sont sensibles.

Deux types d'analyse s'opposent : tantôt une explication « clinique » de la psychologie humaine, à partir de laquelle le narrateur décrit les symptômes du comportement; tantôt une analyse des déterminismes socio-historiques, indépendants de tout « en-soi » psychique de l'homme.

Dans le premier cas, il est indéniable que Céline transpose dans l'espace romanesque les théories de l'inconscient (on a pu voir à quel point les études psychanalytiques avaient pu bouleverser la pensée de l'entre-deux-guerres), en tentant de saisir le « fonds sensible » de l'homme; en maintes pages du *Voyage*, il est fort question de « nature », d' « instinct ». Parmi les constantes de la « psyché » humaine figure ainsi la mégalomanie, l'instinct de pouvoir, de domination, lié au désir de briller :

Il n'y a pas de vanité intelligente. C'est un instinct. Il n'y a pas d'homme non plus qui ne soit avant tout vaniteux. Le rôle de paillasson admiratif est à peu près le seul dans lequel on se tolère d'humain à humain avec quelque plaisir (P. 122 / F. 160).

De là un sadomasochisme latent à tous les niveaux du récit : sadisme des officiers de la Grande Guerre (des Entrayes), de Grappa en Afrique, des petites gens de la banlieue... De la même façon, le *Voyage* dépeint sur le mode romanesque les grandes oppositions entre pulsion de vie et pulsion de mort, fort développées dans les vulgarisations de Freud, et que Céline précise nettement, peu après la rédaction de son roman, dans un discours prononcé en 1933 *(Hommage à Zola)* : « nous sommes autorisés, certes, à nous demander si l'instinct de mort chez l'Homme, dans ces sociétés [européennes], ne domine pas déjà définitivement l'instinct de vie; Allemands, Français, Chinois, Vélaques... Dictatures ou pas! Rien que des prétextes de jouer à la mort ». La pulsion de vie, elle, s'exprime par le désir de jouissance, dont Bardamu fréquemment se déclare investi : le corps de Lola « était une joie qui n'en finissait pas » (P. 53 / F. 73-74), et les belles femmes (Musyne, Madelon, Sophie), provoquent immédiatement en lui une violente sollicitation sexuelle : une actrice, par exemple, était parcourue « d'ondes étonnantes qui m'arrivaient droit par vibrations jusqu'au périnée » (P. 98 / F. 129). Désir universel, qui apparaît d'autant mieux que l'être humain est confronté à la misère, au danger : « La guerre, sans conteste, porte aux ovaires » (P. 91 / F. 119); « Rien à faire [...] tant qu'on a le goût de jouir [...] On ne pense qu'à ça ! Au berceau, au café, sur le trône, aux cabinets. Partout ! Partout ! Bistoquette ! » (P. 353 / F. 447). L'absence de « précaution oratoire », la crudité verbale, le cynisme de Bardamu — qui ont largement contribué au scandale du roman — sont là pour bien opposer cette psychologie de l'inconscient collectif aux morales usuelles, aux fines nuances des études de caractère, fondements des ouvrages traditionnels. Les outils d'analyse séculaires ne peuvent plus rendre compte de la réalité contemporaine : « De nos jours, faire le « La Bruyère » c'est pas commode. Tout l'inconscient se débine devant vous dès qu'on s'approche » (P. 397 / F. 499) ; l'éthique, sur quoi repose le jugement de l'humaniste, est donc remise en cause par la science psychanalytique : pour Céline, l'homme ne peut plus être compris selon les normes du rationalisme : le *Voyage* a pour but de révéler tout un « arrière-monde » de l'homme, déterminant ses faits et gestes en société.

A l'opposé de ces affirmations, qui privilégient une « nature » de l'homme, une psychologie-en-soi, sont développées des analyses plus sociologiques ; la guerre vue de l'arrière, l'Afrique surtout révèlent des approches plus soucieuses de déterminismes historiques et économiques. Le comportement de la colonie européenne de « Topo » est bien implicitement daté : Bardamu y remarque les signes d'une transition entre deux systèmes d' « exploitation » ; le premier, illustré par le sergent Grappa, exprime un colonialisme brutal, désireux de tirer immédiatement profit d'une contrée soumise par le fouet : stade archaïque cher au XIXe siècle colonial. Le deuxième âge d'exploitation, en rapport plus étroit avec le libéralisme moderne, est symbolisé par Alcide : le colonisé devient un consommateur en puissance, un « client », dont la métropole va tirer bénéfice, tout en « stabilisant » le pays conquis par l'échange économique : « combinaison commercialo-militaire en somme, beaucoup plus moderne, plus hypocrite, la nôtre » (P. 156 /

F. 204). Les structures de pouvoir qui dominent l'Europe et ses dépendances sont également, bien que de façon plus elliptique, assez nettement précisées :

> Les indigènes eux ne fonctionnent guère en somme qu'à coups de trique, ils gardent cette dignité, tandis que les Blancs, perfectionnés par l'instruction publique, ils marchent tout seuls (P. 139 / F. 183).

Ici, il n'est plus question de « nature » humaine, mais de produit de civilisation; c'est tout un dispositif social (« l'instruction » par laquelle se transmettent les valeurs du libéralisme — travail, rentabilité, désir de réussite individuelle), qui détermine les réflexes des mentalités européennes.

Dans sa longue diatribe cataclysmique (P. 67-70 / F. 90-94), Princhard démonte également l'idéologie moderne de la guerre; son discours apparemment chaotique montre en fait la naissance, avec la philosophie classique, de la conception bourgeoise du « soldat-citoyen », née sous la révolution et contrastant avec le mercenariat de l'ancien ordre monarchique :

> Pour lui-même Dumouriez, venu trop tard à ce petit jeu idéaliste, entièrement inédit, préférant somme toute le pognon, il déserta. Ce fut notre dernier mercenaire... Le soldat gratuit ça c'était du nouveau... (P. 69 / F. 93).

L'idéalisme n'est pas ici une simple pulsion inconsciente (alors que Bardamu dira plus loin : « un idéaliste, c'est ainsi qu'on appelle ses propres petits instincts habillés en grands mots » (P. 82 / F. 109) : ce sont « des vertus » fabriquées dans l'intérêt d'un pouvoir sûr de ses buts, de ses profits.

Néanmoins, toutes ces analyses demeurent fragmentaires, dispersées ici et là dans le *Voyage* comme de simples remarques et se heurtant paradoxalement à d'autres assertions plus manichéennes; ainsi le regard jeté sur les pauvres relève-t-il plus d'un populisme sommaire que d'une appréciation matérialiste, dans la logique des analyses précédentes : la société est partagée en riches et pauvres, tout comme l'être humain se diviserait en « corps » et en « âme ». Ferdinand se livre surtout à un constat de la pauvreté-en-soi : « Il existe deux humanités très différentes, celle des riches et celle des pauvres » (P. 81 / F. 108). De même la richesse devient-elle une manière d'être psychologique : « Etre riche, c'est une autre ivresse, c'est oublier. C'est même pour ça qu'on devient riche, pour oublier » (P. 334 / F. 423).

En fait, le regard jeté sur l'homme est assez semblable à celui qui s'attarde aux choses : on y trouve la même perception, non d'une réalité mate et insignifiante, mais de typologies contradictoires, voire « oxymoriques », dans la mesure où elles permettent la cohabitation de sens opposés qui pourtant ne s'excluent pas.

*Le fétichisme romanesque*

Là s'exprime également l'impossibilité, pour le roman célinien, de mener à une quelconque synthèse, ou à une quelconque unité d'analyses. L'espace romanesque est à l'image du monde réel : un grouillement de choses, de figures, d'êtres, de mots, dont on ne peut avoir qu'une connaissance momentanée. Si d'ailleurs on peut avec Gide parler d' « hallucination », c'est d'une hallucination provoquée par le détail, par le microscopique plus que par l'ensemble dont il s'agit là. Chez Céline, le réel ne constitue jamais un Tout; le narrateur jette plutôt un regard clinique sur les objets et les personnages. Regard fétichiste dans la mesure où il sonde, sépare, dissèque la réalité qui le fascine; c'est là sans doute l'apport le plus évident du discours médical dans le langage romanesque célinien. Si, comme l'affirment après Foucault les philosophes, le discours clinique recrée une réalité cloisonnée, sectorisée, c'est bien sur ce modèle que Céline construit la réalité romanesque. Mais loin de prétendre au « diagnostic » définitif, le *Voyage* apporte de nouvelles interrogations. L'absence de « message » général, de synthèse, transforme le réel en un jeu de prismes où un détail domine pour s'estomper devant un autre; de même la parole du narrateur obéit-elle à une sorte de dialectique imprécise, passant d'un objet d'analyse à un autre, d'un système idéologique à un autre.

## LE THÉÂTRE UNIVERSEL

### *Les faux-semblants de l'éthique sociale*

En fait, aucune vérité ne peut apparaître dans un monde dominé par les faux-semblants. Le Réel du *Voyage au bout de la nuit* est en effet un monde de comédie, totalement illusoire; page après page, la métaphore du théâtre, obsédante, revient pour décrire les comportements humains. Presque tous les personnages du livre tentent de donner le change, de jouer un rôle : Lola et Bestombes jouent aux patriotes, Branledore mime l'héroïsme, les mères de famille le psychodrame, le directeur de la Société pordurière l'enthousiasme colonialiste... Ces scènes de tragi-comédies sont représentées à tous niveaux, d'individu à individu, ou à l'échelle d'une société tout entière : pendant la guerre, à l'arrière,

> on mentait avec rage, au-delà de l'imaginaire, bien au-delà du ridicule et de l'absurde, dans les journaux, sur les affiches, à pied, à cheval, en voiture. Tout le monde s'y était mis. (...) Bientôt, il n'y eut plus de vérité dans la ville (P. 54 / F. 74).

Outre les hommes, la Nature elle-même devient une scène de théâtre, un lieu où les mirages font loi : les couchers de soleil africains ne paraissent à Ferdinand qu' « un immense chiqué » dramatique[1].

Face à cette théâtralité universelle, l'attitude de Céline est double : tantôt critique, tantôt allégorique — le mensonge devenant l'expression quasiment existentielle de la condition humaine.

La mise en évidence du mensonge social remet d'abord en cause l'hypocrisie inhérente à toute éthique, toute idéologie, et dénonce son mode d'expression favori, le discours emphatique. Ainsi, donner le change, faire croire ce qu'on n'est pas, c'est là le meilleur moyen de « réussir ». Céline s'en prend aux rapports sociaux, basés sur un code moral dont l'apparent désintéressement idéaliste mène tout droit aux profits de toutes sortes. Pour obtenir quelques faveurs à l'hôpital, Branledore joue à plein son rôle d'héroïque martyr, que « l'ardente littérature » officielle attend de lui : « Comme le Théâtre était partout il fallait jouer et il avait bien raison Branledore; rien aussi n'a l'air plus idiot et n'irrite davantage, c'est vrai, qu'un spectateur inerte monté par hasard sur les planches » (P. 90 / F. 119). La société est donc par essence aliénante, obligeant tout individu à présenter de lui-même une image « conforme » : « habiller ses instincts en grands mots » demeure la loi des mondes que Bardamu traverse successivement — du Paris de la guerre, de l'Afrique, de l'Amérique, de la banlieue.

### *La comédie des femmes*

A ce jeu, les personnages féminins occupent une place de choix. La misogynie acide que l'on a souvent reprochée à Céline s'applique surtout ici à dénoncer de façon virulente un goût prononcé pour l'hypocrisie, lié à un égoïsme viscéral, qui ferait des femmes les virtuoses du faux-semblant.

1. Cf. commentaire p. 123.

Les femmes du *Voyage* sont, en très grande majorité, conçues à partir d'une typologie que les romans sociaux et populistes ont largement exploitée : la prostituée au grand cœur (Molly), l'arriviste (Lola, Musyne), l'artiste (Tania), etc. Mais ces stéréotypes mêmes illustrent les conceptions céliniennes du mensonge, dans la mesure où l'individualisme (donc le personnage original) ne peut s'intégrer dans le réel (ni dans l'espace romanesque). Et, plus nettement encore que les hommes, les femmes perçoivent l'aspect utilitaire — et lucratif — du mensonge : Mme Hérote, les Lola, les Musyne possèdent la clé de la réussite sociale. Céline montre, dans la première partie du roman, à quel point les femmes comprennent l'envers du décor, et savent exploiter les rêves et les mythologies d'une société en crise : Lola use du sentiment patriotique pour satisfaire ses besoins charnels, comme plus tard, à New York, elle utilisera la respectabilité bourgeoise, sous couvert de sentimentalisme. Mme Hérote, elle, monte une « maison » très rentable. Plus que les psychologues, les intellectuels, les écrivains comme Proust « chercheurs d'improbables Cythères », Mme Hérote « tenait solidement à la terre par de rudes appétits bêtes et précis » (P. 74 / F. 100) : l'argent et la satisfaction charnelle sont ses certitudes définitives : « il n'y avait dans sa vie aucune place pour le doute et encore moins pour la vérité » (P. 76 / F. 102) : ce n'est pas sans malice que le texte oppose ici doute et vérité : les femmes sont « du bon côté » de la société parce qu'elles ne partent en quête que de leurs intérêts (« Les femmes, ça ne médite jamais », lance ailleurs Bardamu (P. 238 / F. 305); les interrogations philosophico-métaphysiques — celles de Ferdinand — n'amènent en fait rien dans un monde voué au profit immédiat.

Plus loin encore dans le récit, d'autres femmes exprimeront cet égocentrisme viscéral, qui les pousse à jouer de grandes scènes mélodramatiques de dévouement ou de pseudo-passion : Madelon, qui trahira, à Toulouse, Robinson avec Ferdinand sans pour autant cesser de représenter son vaudeville au premier[1], la jeune Henrouille, qui mimera la bru indignée pour mieux accuser de folie sa belle-mère, la mère de « l'avortée » du cinquième, à Rancy, « que le côté théâtral du désastre enthousiasmait » (P. 262 / F. 332).

Vision négative de la femme, qui verse effectivement dans l'invective misogyne, lorsque Ferdinand stigmatise les comédies intéressées de ses interlocutrices : « Les femmes ont des natures de domestiques» (P. 78 / F. 104), « Une femme qui passe son temps à redouter les grossesses n'est qu'une espèce d'impotente et n'ira jamais bien loin dans la réussite » (P. 73 / F. 98). Même si les intentions provocatrices s'expliquent, dans le cadre narratif, par les frustrations humanistes de Bardamu, on ne peut nier que la peinture de cette « nature » de la femme repose sur une dichotomie héritée de la psychanalyse d'époque. Selon les vulgarisateurs d'alors, les préoccupations féminines seraient, par essence, tournées vers la satisfaction sensuelle, base de leur pragmatisme; les « choses majeures » et abstraites hanteraient l'homme seul; le recours à l'artifice et à l'attitude stéréotypée, théâtralisée serait d'autant plus criante chez la femme que son but s'avérerait plus terre à terre[2].

### *La vérité du corps*

Néanmoins, il faut là encore se garder d'enfermer l'univers célinien dans un seul cadre d'analyse. Les désenchante-

1. Voir notamment la scène au bord de la rivière, épiée par Bardamu (P. 407-411 / F. 512-517), et pleine de dialogues quasiment parodiques du théâtre « rose » (« Dis-moi vite que tu m'aimes... », « Dis-moi que tu m'adores Léon ! — Je t'adore ! — Bien », etc.).

2. En 1937, encore, dans sa conclusion à *La Femme frigide*, Wilhem Stekel notera que « Les femmes tombent facilement dans une sexualité sans limites » (Ed. Gallimard, « Idées », p. 500-501).

ments de Bardamu et son cynisme forcé s'accompagnent aussi d'une idéaliste recherche d'harmonie entre l'homme et les femmes. L'union des corps demeure alors la seule vraie communication humaine, la seule qui, même momentanément, laisse s'exprimer la vérité du Moi. De là cette insistance de Ferdinand à exprimer son désir érotique; de là cette conscience d'être un « sacré cochon » (P. 53 / F. 74), de ne s'intéresser qu'à la « véritable aristocratie humaine », celle de la « jambe » (P. 228 / F. 291). Sous cette crudité voulue apparaît la thèse selon laquelle la seule vérité humaine est celle du corps — de sa vie, de sa mort. La femme est l'être qui, par-delà les faussetés de son paraître, place l'homme (malgré elle, mais au fond, pour Ferdinand, peu importe) en face de sa véracité. Plus la trahison est nette, plus l'illusion est grossière et le mensonge sordide, et plus Bardamu s'attache aux Lola, Musyne, Tania. La femme devient en fait une allégorie de l'humanité, dont l'âme n'est que le mensonge du corps : « C'est quelque chose de toujours vrai un corps » (P. 272 / F. 345).

Il s'ensuit des portraits très fétichistes, qui transforment l'être décrit en objet de plaisir, s'attachant à « décoder » tous les signes physiques de la fonction érotique; même si, dans ces descriptions, on peut faire la part des fantasmes de Bardamu, le corps paraît cependant toujours déchiffrable, signifiant au premier degré ses habitudes sexuelles; ainsi Madelon a-t-elle « pied, cheville bien dessinés et aussi des attaches de bonne jouisseuse qui devait se cambrer bien nettement au bon moment » (P. 385-386 / F. 485); la « musculature élastique » de Sophie révèle une « vigueur concertée mais déliée en même temps, répartie en faisceaux fuyants et consentants tour à tour, au palper » (P. 472 / F. 592). Par-delà le mensonge socialisé du langage et sa théâtralité bouffonne, la sensation physique paraît rétablir une vérité animale; Bardamu nourrit ainsi le mythe du retour à l'intinct : si Sophie séduit les hommes de l'asile de Vigny, c'est parce qu'elle échappe à la cérébralité maladive de l'humanité, et qu'« elle est tellement plus inconsciente » (P. 473 / F. 593). Chez elle, la psychologie rationnelle n'occupe qu'un vague arrière-plan, mais son animalité franche contredit les signes de mort présents à tous les niveaux de la société : « Le rythme de sa vie jaillissait d'autres sources que les nôtres... Rampantes pour toujours, les nôtres, baveuses » (P. 473 / F. 593).

Le corps féminin s'inscrit également dans une problématique esthétique incontestablement baudelairienne; comme pour l'auteur de *Parfum exotique*, le corps catalyse le rêve d'évasion, libère des mensonges du Réel; tel celui de Sophie, « Trois-mâts d'allégresse tendre, en route pour l'Infini » (P. 473 / F. 594), tel celui des danseuses du Tarapout qui, de leur vulgarité même laissent s'exprimer le lyrisme de l'aventure; « tortillant implacablement des fesses avec cette énergie de race un peu ennuyeuse, cette continuité intransigeante qu'ont les bateaux en route, les étraves, dans leur labeur infini au long des Océans »... (P. 356 / F. 450). L'espace illimité, que n'offre pas le monde cloisonné du réel, est ici visé par la romantique métaphore du navire. Certes, c'est toujours d'une femme-objet qu'il s'agit là, mais la capacité de jouissance semble pour Céline l'instrument, si éphémère soit-il, d'une libération, qui place l'homme en marge de la société, tant la fonction érotique paraît ignorer les problèmes historiques et sociaux. La femme devient donc un mythe idéaliste, puisqu'elle signifie autre chose que son existence propre : femme-opium, dont la vie sexuelle semble, seule, éclairer la noirceur d'un paysage humain générateur de pessimisme.

### *L'érotisme contre la représentation sociale*

Le cynisme qu'offre parfois la peinture de la vie charnelle est naturellement un signe de marginalisation, de refus de la valeur éthique dissimulée dans la rhétorique fallacieuse du discours bien-pensant. A toutes forces Bardamu tente de repousser la pression de l'idéologie, le mensonge de la morale par la lucidité satirique, ou par le lyrisme érotique. Le conflit de ces deux instances s'exprime le plus clairement dans le rapport Bardamu-Molly. De cette dernière, on a souvent fait un des rares personnages « positifs » du *Voyage*, un de ces êtres dont l'altruisme trenscenderait le mensonge et l'égoïsme universels. C'est peut-être aller un peu vite, car en tous points Molly paraît un pur produit de la société dans laquelle elle vit. Même si elle correspond à l'idéalisme quelque peu chrétien de la prostituée charitable, chère aux Tolstoï, Sue ou Dabit, elle incarne surtout les valeurs de la petite bourgeoisie américaine. Tout comme Lola ou Musyne, elle ignore la personnalité profonde de Bardamu; ce qui l'occupe, c'est l'image sociale qu'il pourrait présenter en tant que « mari » : aussi lui achète-t-elle un complet à la mode qui fait entrer, sémiologiquement parlant, Bardamu dans le système de signes du style de vie américain, et dans le jeu de la consommation; Molly recherche un code social, et transforme Ferdinand en objet signifiant, arborant non plus ce qu'il est, mais ce qu' « on » veut qu'il soit. Il devient son costume, tant est forte la puissance mensongère du signe : « Le complet me donnait l'air triste, et l'envie aussi de ne plus retourner à l'usine. Un complet neuf, ça vous bouleverse les idées » (P. 228 / F. 291-292). Pire encore : c'est le costume-fétiche qui enflamme Molly, non le corps de Bardamu : l'amour pour elle ne peut se penser et s'accomplir que dans une norme. Victime du mensonge général de l'Amérique libérale et du pouvoir de ses codes, Molly fait inconsciemment entrer Ferdinand dans une structure sociale, dont le « complet » constitue le niveau sémantique : « On placera nos économies... on s'achètera une maison de commerce... On sera comme tout le monde... » (P. 229 / F. 293).

### *Mensonge ou illusion*

Il y a donc en l'individu comme dans la société un « envers » et un « endroit », un être et un paraître; c'est ce que montrent, sur le plan symbolique, les observations de Bardamu dans les rues de New York : en surface règnent l'esthétique stéréotypée des femmes, l'indifférence de tous. Puis, dans la « caverne fécale » où s'introduit Ferdinand — les toilettes publiques —, dominent l'animalité retrouvée, la fraternité des « tripes » qui se vident : « Tout ce débraillage intime, cette formidable familiarité et dans la rue cette parfaite contrainte! J'en demeurais étourdi » (P. 196 / F. 252). Cette scène constitue évidemment une transposition allégorique du Moi humain, tel que la psychanalyse peut se le représenter : le surmoi, jouant le jeu du paraître, indispensable à la vie sociale, ne peut occulter tout à fait les zones « souterraines » de la conscience, occupées de désirs et de régressions divers. New York est ainsi écartelée entre les exigences des pulsions, que le retour au stade anal permet de vivre un instant, et l'aliénation, symbolisée par la froideur de la rue[1].

Cette opposition, au demeurant, ne relève pas uniquement d'un constat critique; le mensonge en effet participe d'un besoin d'illusion, propre à l'existence humaine. Car le théâtre (et l'on retrouve là une problématique shakespearienne et romantique)[2] est aussi le lieu tragique où

1. On pourra lire également, dans le même registre allégorique, les révélations « anales » des clientes de la pâtisserie, à Toulouse, dont le magasin se métamorphose en caverne de délices et/ou en cabinet de psychothérapie (P. 383-384 / F. 483-484).

2. On pourra notamment comparer la métaphore célinienne du théâtre avec les thèses développées par les personnages de Musset (Octave dans *les Caprices de Marianne*, ou Lorenzo dans *Lorenzaccio*), ou ceux de Shakespeare dans *Comme il vous plaira* ou *Macbeth* (cf. entre autres le célèbre monologue de Macbeth, acte V, scène 5).

l'homme ne peut devenir ce qu'il est vraiment, ni assumer son « moi », l'espace où il se donne un moment à lui-même l'illusion d'éviter la déchéance inéluctable : « Etre vieux, c'est ne plus trouver de rôle ardent à jouer, c'est tomber dans cette insipide relâche où on n'attend plus que la mort » (P. 322 / F. 408). S'aliéner consiste aussi à fuir l'insupportable vérité du Réel. Les scènes mélodramatiques de la jeune Henrouille ou de la « fille-mère » de Rancy (P. 273 / F. 346) permettent à leurs acteurs de ne pas affronter de face la pessimiste réalité; les simulacres des Lola et Musyne ne sont à tout prendre que le double moralisant et moraliste de toute œuvre d'art; car Bardamu semble reconnaître au langage artistique une salutaire vertu de distanciation :

> Il faut croire Claude Lorrain, les premiers plans d'un tableau sont toujours répugnants et l'art exige qu'on situe l'intérêt de l'œuvre dans les lointains, dans l'insaisissable, là où se réfugie le mensonge, ce rêve pris sur le fait, et seul amour des hommes (P. 80 / F. 107).

La vérité n'engendre que sentiment d'horreur, dès lors qu'on la dissèque avec minutie, qu'on y cherche un quelconque enseignement : c'est ce que traduit le narrateur, sur le mode métaphorique, quand il associe le recul du mensonge au reflux de la mer trompeuse : [ce] « qu'on découvre du gai rivage une fois que la mer s'en retire : la vérité, mares lourdement puantes, les crabes, la charogne et l'étron » (P. 113 / F. 149). Le même désir de fuir la réalité pousse Bardamu, après la mort de Bébert, à s'engager comme figurant au Tarapout. La métaphore rejoint alors la vie, et Ferdinand vit dans l'illusion des lumières artificielles, du plaisir sensuel et de la danse.

La théâtralité qui caractérise pour Céline la condition de l'homme touche donc à la philosophie. Face au Réel, à la précision implacable de son destin, le mensonge est la voie maladive que l'être humain emprunte afin d'alléger son angoisse. Le regard aigu, fétichiste — lucide — ne mène qu'à la souffrance, et le besoin de « transposer »[1] selon ses moyens constitue le seul recours au mal. Céline rejoint ici les problèmes existentiels soulevés par les écrivains des années 30. Mais alors qu'un Malraux propose un humanisme de l'action et de la fraternité (*la Condition humaine*), il n'est guère éloigné de Giono pour qui, dès *Naissance de l'Odyssée*, le mensonge créateur de l'art doit être le « divertissement » de l'Ennui qui pèse sur l'homme; la problématique du *Voyage* paraît plus tragique encore, dans la mesure où toutes les catégories du Réel (hommes, choses, nature, espace, temps) sont nuisibles (ce qui est loin d'être le cas chez Giono), et où la transfiguration de la réalité n'a pour le narrateur aucune valeur euphorique : c'est tout au plus un pis-aller. Les hésitations sémantiques du narrateur prouvent d'ailleurs ses incertitudes existentielles : tantôt il parle de « rêve » (celui qu'apporte le cinéma, l'art), tantôt d'illusion (quand il s'agit de trouver un « ailleurs »), tantôt de « mensonge » (rêve péjoratif d'une société contaminée par le discours idéologique); mais l'Idéal demeure quand même l'utopique vérité de l'être : « devenir ce que l'on est » (le thème est d'époque) constitue la préoccupation majeure de Ferdinand; de ce point de vue, le Théâtre ne remplace pas l'idéale adéquation du corps et de l'esprit, de la vie sociale et du désir individuel, de la raison et de l'instinct, de la pulsion de vie et du désir de destruction.

De cette harmonie, seuls quelques personnages du *Voyage* offrent l'image fragmentaire : l' « avortée » du cinquième, à Rancy (P. 259-263 / F. 329-334) et, surtout, la vieille Henrouille. La première risque continuellement sa mort,

1. Ce besoin de transposition deviendra après le *Voyage* le ressort essentiel de l'art romanesque de Céline, que celui-ci explicite dans la postface de *Guignol's band*.

tout en assumant son goût pour le plaisir, dans un total équilibre intérieur :

> Discrète dans la vie, raisonnable d'allure et d'expression. Rien d'hystérique. Mais bien douée, bien nourrie, bien équilibrée, une vraie championne dans son genre, voilà tout. Une belle athlète pour le plaisir [...]. Elle disposait d'une intimité concentrée [...] vraiment admirablement réussie (P. 259-262 / F. 329-332).

Cette franche « supériorité animale » (le terme n'est jamais péjoratif chez Céline) contraste avec l'attitude mélodramatique de la mère, « verbeuse », gaspilleuse d'énergie, et qui, au lieu de vivre son Etre profond à l'instar de sa fille, vise au contraire l'extériorisation démonstrative et artificielle :

> Elle n'en finissait pas d'agiter ses frayeurs et de se gargariser avec ce que pourraient en penser les voisins et les voisines. En transe de bêtise inquiète qu'elle était [...] Le côté théâtral du désastre en tout cas l'enthousiasmait. Elle accaparait de ses trémolos douloureux notre petit monde rétréci où nous étions en train de merdouiller en chœur par sa faute *(ibid.)*.

Une extrême intensité de vie intérieure anime, dans un autre registre, la vieille Henrouille, seul personnage, avec Bardamu, à prendre pleinement conscience de la théâtralité universelle; sûre d'elle-même et de sa personnalité, elle échappe au déterminisme social : « Le dénuement n'avait point marqué son âme » (P. 255 / F. 324). Cette certitude d'exister se traduit par une force de vie superlative, une jeunesse intérieure qui lui fait repousser les compromissions familiales :

> Elle niait l'âge avec fureur la mère Henrouille... Et se démenait, irréconciliable, à travers sa porte contre les fléaux du monde entier. Elle refusait comme une sale imposture le contact, les fatalités et les résignations de la vie extérieure. Elle ne voulait rien entendre de tout ça. « C'étaient des tromperies! qu'elle

hurlait. » [...] Elle avait la certitude que si elle ouvrait sa porte les forces hostiles déferleraient chez elle, s'empareraient d'elle et que ça serait fini une fois pour toutes (P. 253 / F. 322-323).

Sa paranoïa prend un sens positif, car ce refus de l'Autre, ce repli sur soi l'amènent au seul désir de prolonger la pulsion de vie qui l'occupe entièrement. Elle est aussi la seule figure du roman qui parvient à faire cohabiter l'être et le paraître, à utiliser lucidement la comédie sociale et à s'enrichir ainsi du rôle qu'elle joue : après la première tentative d'assassinat — à laquelle elle échappe —, elle retrouve en même temps l'usage du simulacre et le besoin d'affirmer son existence : « Le goût de vivre lui revenait à la vieille, tout soudain avec un rôle ardent de revanche » (P. 322 / F. 408). A Toulouse, elle apprivoise la mort elle-même, en assurant la visite guidée des momies de la ville, leur tapant familièrement sur le ventre, comme pour prouver symboliquement que le cadavre n'a guère de sens dans son monde, voué à la vie.

Mais, très logiquement, il n'y a pas d'issues véritables pour ces personnages qui vivent de « l'intérieur » et refusent le jeu de l'aliénation : la mère Henrouille disparaît, tuée par Robinson, victime du complot familial et universel dont, à l'instar de Ferdinand, elle sentait la présence obsédante.

Face aux simulacres sociaux, l'enfance reste enfin le seul monde de l'émotion première — autre résurgence romantique dans le roman de Céline. La mort de Bébert est, de tous les événements tragiques du récit, celui que le narrateur ressent avec le plus d'amertume et de pessimisme[1]. C'est que l'enfance paraît encore un univers du possible, un

1. La disparition de l'enfant occasionne toute une réflexion sur la mort (cf. P. 287-288 / F. 365-366), et une remise en cause des consolations impuissantes de l'humanisme (voir la célèbre parodie de la lettre de Montaigne, P. 288-290 / F. 366-368).

monde non encore voué au Sens des valeurs sociales et de leurs comédies, et que les désirs peuvent encore mener dans la sincérité de leurs caprices : « Tant qu'il faut aimer quelque chose, on risque moins avec les enfants qu'avec les hommes, on a au moins l'excuse d'espérer qu'ils seront moins carnes que nous autres plus tard. On ne savait pas » (P. 242 / F. 309). Opinion reprise plus nettement encore dans l'*Hommage à Zola* : « Dès l'âge de dix ans, le destin de l'homme me semble à peu près fixé, dans ses ressorts émotifs tout au moins; après ce temps, nous n'existons plus que par d'insipides redites, de moins en moins sincères, de plus en plus théâtrales. »

### *Du tragique au comique ou le Réel en délire*

Tous les mensonges des autres rendent, implicitement, vaines les idées sérieuses; le *Voyage* appartient à ces romans du « soupçon » qui, à la lumière des pensées nietzschéennes, freudiennes ou marxistes — voire des trois à la fois —, ont remis en cause la pertinence, la fallacieuse évidence première des discours humains : la dérision n'est jamais absente du propos de Bardamu et les faux-semblants d'autrui, transposés dans son propre discours, sa propre langue, deviennent autant de comiques fanfaronnades; la réalité reste drôle, ne serait-ce que par la cohabitation du propos mensonger et de la vérité sordide. Même si le comique est plus accentué dans les derniers livres de Céline, il est déjà bien implanté dans le *Voyage* : les situations romanesques sont rarement dépourvues d'intention ironique ou parodique; de la parodie relèvent les citations maniaques de ces discours mensongers dont la seule fonction est de dissimuler des appétits bien terre-à-terre; l'addition de quelques adjectifs pompeux, aux connotations hyper-littéraires, vient immédiatement et implicitement dénoncer la théâtralité du propos idéologique. Ainsi le discours de Bestombes accumule-t-il à plaisir les clichés du langage humaniste et universitaire, avec ses références pédantes, ses superlatifs, ses tics pédagogiques et ses conclusions louangeuses :

Tel est le terme magnifiquement descriptif, n'est-ce pas, de ces triomphes récupératifs, par lequel un autre de nos grands psychiatres français du siècle dernier, Philibert Margeton, caractérisait la reprise véritablement triomphale de toutes les activités normales chez un sujet convalescent... (P. 92 / F. 122).

A l'inverse, le discours haché, exclamatif et naïvement cru du directeur de la Compagnie Pordurière trahit l'excès de zèle militaire, l'enthousiasme forcé et extérieur d'un homme définitivement usé par sa fonction absurde :

N'est-ce pas qu'on se dirait toujours un dimanche ici? [...] C'est gai! C'est clair! Les femelles toujours à poil. Vous remarquez? Et des belles femelles, hein? Ça fait drôle quand on arrive de Paris, n'est-ce pas? [...] C'est toujours la fête ici, je vous le dis! Un vrai Quinze Août! Et c'est comme ça jusqu'au Sahara! Vous pensez! (P. 129 / F. 170).

La langue célinienne, qui compose de véritables pastiches de discours idéologiques, en indique par là même la nullité[1]; à la limite, le sens des mots disparaît sous le « ton » — la musique qu'il faut produire pour donner le change à l'autre. Quand Bardamu joue son rôle de patriote sur le pont de l'*Amiral Bragueton*, il précipite de la sorte son discours, le rendant caricatural et incompréhensible; mais qu'importe si la fin n'est plus qu'une série d'ellipses absconses, si l'interjection se substitue au raisonnement, si le bruit est le seul signifié du texte : les passagers ont eu leur représentation :

Aller jusqu'à penser que moi, votre frère en somme, je m'entêtais à répandre d'immondes calomnies sur le compte d'héroïques officiers! Et cela au moment même où ils s'apprêtent

1. Voir à ce propos, *infra*, p. 100-103.

ces braves, ces incomparables braves à reprendre, avec quel courage, la garde sacrée de notre immortel empire colonial! [...] Ah! capitaine! Moi? Ça? (P. 120 / F. 158).

L'ironie est également de mise, qui contribue à vider les mots du sérieux de leur sens, et en quelques lignes fait jaillir l'incohérence des comportements humains.

Le comique du *Voyage* tient aussi à la mise en scène d'une logique absurde, qui semble parfois déterminer seule les rapports sociaux; pendant la guerre, un relieur de musique cède à ses désirs : « Il se défendit mal lui, soudain, contre l'envie qui l'avait toujours possédé de sodomiser quelque soldat. Une telle audace d'un soir, mal venue, lui fit un tort irréparable auprès de certains patriotes qui l'accusèrent d'emblée d'espionnage. Il dut fermer ses rayons » (P. 76 / F. 101). Le rapport logique prête ici à rire, si l'on considère que l'espionnage est une pratique militaire souterraine, immorale aux yeux des stratèges; le patriotisme et l'érotisme n'ont donc en commun que leurs perversions : on ne sait trop, alors, si la sodomie sert de prétexte à la rigueur patriotique, ou si cette morale nationaliste n'est qu'un fallacieux prétexte pour condamner la pulsion sexuelle... La complexité des comédies que se jouent les hommes peut d'ailleurs avoisiner le pur délire : les Noirs qui viennent, par divertissement masochiste, subir la justice de Grappa démontrent le non-sens du système colonial; le résumé du narrateur, abrupt à souhait, fait contraster la neutralité journalistique de son propos avec l'absurdité de la situation :

Il s'agissait peut-être d'un mouton borgne que certains parents se refusaient à restituer alors que leur fille, valablement vendue, n'avait jamais été livrée au mari, en raison d'un meurtre que son frère à elle avait trouvé le moyen de commettre entretemps sur la personne de la sœur de celui-ci qui gardait le mouton (P. 153 / F. 199).

A tous moments donc, la dérision dénonce l'artificialité du langage humain; sur la scène même du monde, nul discours qui ne dénonce indirectement son absurde excès. Le comique est dans le *Voyage au bout de la nuit* indissolublement lié à la tragédie du réel, et établit entre le lecteur et le monde représenté — le référent romanesque — une distance décisive : la réalité paraît à la fois, dans sa précision maladive, une Présence obsédante et agressive, et un univers lointain que l'hystérie verbale rend toujours dilatoire.

*Au-delà du Réel*

Le Réel du *Voyage* constitue ainsi un univers de part en part ambigu. D'abord parce que les prises de position de Bardamu face à la nature, aux sociétés humaines reposent sur des problématiques très contradictoires : les raisons du refus global de Bardamu sont liées à des idéologies très diverses. Les rapports sociaux sont perçus par un « théoricien » qu'à l'instar de Simone de Beauvoir on qualifierait d' « anarchiste » — ce terme, qu'on utilise toujours pour définir, faute de mieux, un assemblage de pensées marginales, se référant ici à des critiques marxistes ou à des prises de position traditionnellement issues des milieux de droite. La réalité est donc, pour le lecteur, filtrée par le prisme déformant qu'est la parole de Bardamu; il faudra donc s'interroger sur le statut du personnage de Bardamu, qui n'est ni l'ouvrier-prolétaire dont il a parfois l'argot, ni l'intellectuel dont il emprunte quelquefois le style; il prend violemment parti contre un univers dans lequel il n'est pourtant pas fixé, où il « voyage » sans cesse : *d'où* vient alors cette parole complexe, à la fois tragique et dérisoire?

Car, à tout prendre, c'est moins par la matière qu'il décrit que ce livre illustre le mieux l'esprit des années 30, mais plutôt par les systèmes d'analyse qu'il met en place. L'ambiguïté des regards qui appréhendent le réel appartient en propre à une époque dont on a pu souligner le fourmillement et les confusions idéologiques.

D'autre part, la réalité romanesque ne suffit pas en elle-même : elle désigne au lecteur un autre monde; Céline décrit un réel qui vire au symbole, ou au mythe. La théâtralité universelle transforme les choses, paysages et personnages en signes d'un autre sens. Le *Voyage* exploite ainsi la veine naturaliste dans ce qu'elle peut avoir de moins « réaliste » : la contemplation de la réalité invite à son déchiffrage, à la découverte de son « arrière-monde » (d'une métaphysique). Dans le *Voyage au bout de la nuit*, le discours sur le Réel ne peut, au fond, mener au réalisme : dans le temps même où les choses sont décrites, elles se montrent autres qu'elles ne sont; la réalité célinienne débouche sur un espace mythique : il convient donc d'en saisir le sens second, que Bardamu tente, tout au long du récit, de *connaître*, au cours d'une véritable quête philosophique.

## MYTHES ET PHILOSOPHIES

### *Les manifestations d'une quête*

Le titre place d'emblée le livre sur le terrain du mythe ou, à tout le moins, de l'allégorie. Loin de renseigner sur un contenu historique précis, il laisse grand ouvert l'espace de la connotation littéraire : le mot « nuit » convoque à lui seul tout un ensemble de signifiés classiques (Nuit = Mort; nuit = enfer, etc.).

On a pu en outre observer que la structure du contenu narratif impliquait une progression à la fois linéaire et circulaire; le titre *Voyage* fait moins allusion à l'aventure réaliste (même si les épisodes africains et américains constituent effectivement des « voyages ») qu'à l'enlisement du héros dans l'expérience de la vie; sans doute peut-on lire les différents épisodes du roman comme autant d'étapes initiatiques sur le chemin de la Connaissance. Les « stations » de Bardamu paraissent les épisodes d'une odyssée moderne, au terme de laquelle il s'agirait de faire émerger une vérité ou, mieux encore, un savoir et une sagesse.

D'ailleurs Bardamu égrène, au fil de ses étapes, à chaque nouvelle expérience des bribes de pensée philosophique; rhétoriquement parlant, Ferdinand a souvent recours à l'assertion aphoristique : toutes ses maximes et sentences laissent croire au lecteur que le point est fait, que les certitudes sont acquises. La guerre, les oppositions de classe, les femmes, le destin, le temps, etc., deviennent, à un moment ou à un autre, l'objet d'un aphorisme :

L'amour, c'est l'infini mis à la portée des caniches (P. 8 / F. 17)
La guerre en somme, c'était tout ce qu'on ne comprenait pas (P. 42 / F. 22).
C'est des hommes et d'eux seulement qu'il faut avoir peur, toujours (P. 15 / F. 26).
Invoquer sa postérité, c'est faire un discours aux asticots (P. 35 / F. 52).
Il existe pour le pauvre en ce monde deux grandes manières de crever, soit par l'indifférence absolue de ses semblables en temps de paix; ou par la passion homicide des mêmes en la guerre venue (P. 82 / F. 109).

Ou plus laconiquement :

Le propriétaire c'est pire que de la merde. Voilà tout. (P. 265 / F. 336);
A chaque vertu sa littérature immonde (P. 218 / F. 278).

Le *Voyage* serait donc un livre de la quête dans la mesure où l'exploration du réel ne mènerait pas simplement au constat (accablant) de sa présence, mais aussi à l'analyse de ses ressorts, de son essence. Derrière le phénomène, Bardamu tenterait d'appréhender l'être profond des choses

— comme semble l'attester le recours constant au verbe affirmatif et ontologique par excellence, « être ». Curieusement, ce livre d'errance décoche une pluralité de messages paraissant toujours décisifs, mais qui composent seulement un vaste prisme d'assertions complémentaires et/ou contradictoires : là encore, nulle problématique centrale n'anime ces propos. L'aphorisme est plutôt le fragment provisoire d'une philosophie en quête d'elle-même, une parole en essaim, qui ne peut constituer un discours autonome — traduction des pulsions du narrateur, qui n'arrivent jamais à se fondre dans le Tout cohérent d'une conscience traditionnelle; autant de mots « en archipel » qui ne peuvent investir un terrain idéologique déterminé. Chaque étape amène des corrections, recompose le kaléidoscope aphoristique. C'est là toute l'ambiguïté de cette parole qui erre sans cesser d'affirmer.

D'ailleurs, la philosophie n'est-elle pas en définitive une mascarade, un alibi que se forge l'homme pour fuir le réel au lieu de le regarder en face ? « Philosopher n'est qu'une autre façon d'avoir peur et ne porte guère qu'aux lâches simulacres » (P. 206 / F. 264). Autre aphorisme que Bardamu prononce à la fin de son périple américain, pour mieux continuer de philosopher. La Vérité n'est donc pas un contenu signifiant, mais le signe extérieur et mouvant d'une quête.

*Etres en quête, Bardamu et Robinson*

Le roman possède en Bardamu un « héros » hanté du désir de connaître; il ne laisse pas ignorer, encore que de façon allusive, le sens philosophique de sa démarche : à Détroit, il signale qu'il abandonne Molly « comme si la vie allait emporter, [lui] cacher ce qu' [il] voulait savoir d'elle, de la vie au fond du noir » (P. 232 / F. 295). Préoccupation métaphysique rappelée plus loin par Molly elle-même : « Vous êtes comme malade de votre désir d'en savoir toujours davantage » (P. 235 / F. 300).

Le récit devient ainsi le lieu de rencontre entre une donnée réaliste et une conscience critique, une matière brute et un sujet percevant; le *Voyage* paraît une sorte de livre d'aventures qui ne laisserait pas de produire du sens philosophique, faisant de son narrateur un « anti-Candide » : un homme du soupçon, du cynisme qui interrogerait les choses et les êtres tout en sachant que les réponses sont « truquées », et se trouverait en situation d'attente métaphysique.

Mais Bardamu n'est pas le seul être-en-quête du livre; on a pu voir à quel point Robinson était lié aux errances de Ferdinand, à quel point chacune de ses apparitions pouvait occasionner un changement d'état : « On me retirera difficilement de l'idée que si ça m'a repris ça n'est pas surtout à cause de Robinson » (P. 270 / F. 343). « Robinson » : un nom immédiatement symbolique, qui fait évidemment référence au héros de Defoe, et au mythe de l'Aventure; un Robinson, par les données de la culture, est par essence un personnage marqué par les expériences du savoir. C'est là ce que Ferdinand semble reconnaître en celui qu'il nomme « Robinson Léon », comme si ce prosaïque prénom, édulcoré par la force symbolique du patronyme, ne pouvait occuper qu'une place secondaire. « Robinson était un garçon tracassé par l'infini » (P. 354 / F. 448), à l'image du narrateur. Cependant, il reste un personnage plus lointain que Bardamu, parce que de nombreux « trous » apparaissent dans son histoire (plus encore dans sa biographie), et que sa démarche psychologique n'est jamais limpide. Personnage lacunaire, Robinson compte plus par les effets qu'il produit que par sa présence même. D'ailleurs, il semble à bien des égards mené par une destinée plus que par sa volonté propre; comme le Robinson de Defoe, il est enfermé dans son devenir (son « île »), il ne possède, en propre, que son désir de l'Ailleurs. Refusant l'insertion sociale (il ne profite pas de l'argent de la vieille Henrouille qu'on le force à tuer), le conformisme familial (il rejette le rôle de mari petit-bourgeois que veut lui faire jouer Madelon), il demeure un personnage enfantin, parfois dirigé par les « adultes », mais tout entier voué à l'imaginaire qui le hante. Robinson ne s'impose pas, ignore les mythes libéraux de l'énergie, comme la paranoïa des hommes et leur volonté de puissance : il est le « rêveur définitif », incapable de s'intégrer dans la fixité du réel, et préférant le « champ du possible ». Vers la fin du livre, Bardamu endosse le rôle de père, lui cherche un travail : « Léon (...) fais pas l'œuf dans ta nouvelle place, te fais pas repérer par tes idées à la manque... Arrive à l'heure... Pars pas avant les autres... Dis bonjour à tout le monde... Tiens-toi bien enfin » (P. 469 / F. 587).

Mais cette position paternaliste ne confère pas à Ferdinand de réelle supériorité. L'être profond de Robinson lui échappe; cette figure de l'aventure n'est pas tant le double que le négatif de Bardamu; plus ce dernier tente d'analyser, recherche des explications et des définitions, plus Robinson demeure hors de tout — a-topique —, irrationnel. Déjà en marge des sensations charnelles (« lui, les choses du sexe, il s'en foutait amplement », P. 466 / F. 583), Robinson se situe aussi en marge de toute philosophie et sa quête ne mène en définitive à aucune vérité d'expérience, à rien d'autre qu'à sa mort, dont les modalités restent un mystère pour les autres :

> On pouvait se demander encore ce qu'il allait faire, pour en finir (P. 496 / F. 621).

Tout au long de l'ouvrage, Robinson semble un personnage-miroir dans lequel Ferdinand contemple le reflet de sa propre image d'aventurier — image décalée, illogique :

> Il n'y avait que moi, bien moi, moi tout seul, à côté de lui, un Ferdinand bien véritable auquel il manquait ce qui ferait un homme plus grand que sa simple vie, l'amour de la vie des

autres [...] C'était pas à envisager que je parvienne jamais moi, comme Robinson, à me remplir la tête avec une seule idée, mais alors une superbe pensée tout à fait plus forte que la mort (P. 496-501 / F. 622-627).

La mort de Robinson vient consacrer l'échec des tribulations de Bardamu, comme si Robinson constituait la part idéaliste et mystique du narrateur; ainsi le couple Robinson-Bardamu se referme-t-il sur ses interrogations : la loquacité raisonneuse de Ferdinand Bardamu ne mène qu'à la perception de plus en plus horrifiée du réel, la quête marginale de Robinson débouche sur un idéalisme intransmissible, qui ne peut se révéler à personne, et s'abîme dans la mort :

Dans la chambre, ça faisait comme un étranger à présent Robinson, qui viendrait d'un pays atroce et qu'on n'oserait plus lui parler (P. 498 / F. 624).

*Du bavardage à la métaphysique : Baryton et Parapine*

Ainsi, tandis que les chercheurs de vérité s'enfoncent dans la réalité, le sens des choses leur échappe totalement; deux figures antithétiques, Baryton et Parapine, expriment au mieux cette vacuité du savoir. Après des crises de certitudes dogmatiques, et d'hypersécrétions verbales, ils se taisent peu à peu l'un et l'autre.

Le cas de Baryton est caractéristique, qui montre l'inutilité philosophique de tout discours. Le « premier » Baryton, scientifique et pragmatiste, use d'abord du langage en humaniste : parler, depuis le XVII^e baroque et classique, c'est d'abord persuader, rendre manifeste une idéologie sûre d'elle-même et de son pouvoir; avec une extrême loquacité, Baryton défend devant Bardamu (P. 423-426 / F. 532-536) la psychiatrie rationnelle contre l'invasion de la psychanalyse : l'homme de « bon sens » chauffé à blanc vitupère ces théories de l'inconscient qui rendent caduque l'opposition tranquillisante raison/folie : « Retenez-bien ceci, Ferdinand, ce qui est le commencement de la fin de tout, c'est le manque de mesure » (P. 425 / F. 534). Ce discours spasmodique constitue en fait le dernier sursaut de Baryton contre la fièvre du savoir. Le « second » Baryton est celui qui apprend l'anglais avec Ferdinand, fait remarquable : c'est l'apprentissage d'un langage qui va conduire le directeur de l'asile vers le « côté infernal » de l'intelligence, vers la passion de la Connaissance. Le personnage public oublie alors ses tâches concrètes, s'enfonce dans le rêve, « tendu avec toute sa bêtise vers la perfection », ou « perfidement contaminé par la méditation » comme le décrit Ferdinand (P. 436 / F. 548), qui, à ce stade du *Voyage*, a déjà pu constater les effets dissolvants de la Quête. Par la suite, Baryton parti, la seule existence du directeur se signalera par quelques mots sur une carte postale : la Connaissance exclut le langage. Baryton n'a exprimé sa prolixité que sous l'emprise des préjugés de sa caste médicale; abandonnant ses fallacieuses convictions, Baryton n'a plus rien à dire.

La même évolution apparaît chez Parapine, dont le mutisme est plus brutal, plus nettement encore symbolique. Tout d'abord occupé de recherche médicale quelque peu dérisoire (« l'étude de l'influence comparative du chauffage central sur les hémorroïdes dans les pays du Nord et du Midi », P. 286 / F. 363), il a lui aussi voyagé (Ferdinand nous l'apprend, P. 352 / F. 446); mais son véritable voyage, il l'effectue à l'asile de Vigny, sur la « route du silence » (P. 427 / F. 536). Là, il a atteint une vérité : « Entre le pénis et les mathématiques (...) il n'existe rien! Rien! c'est le vide! » (P. 420 / F. 528)[1]. Partagé entre l'ascétisme d'un langage irréel et les pulsions animales, l'homme ne découvre

1. C'est là une variation sur un thème romantique, déjà exprimé par « Jean-Jacques » dans le livre VII des *Confessions* de Rousseau, repris ensuite par Chateaubriand, et qui traduit le divorce existentiel du moi, partagé entre raison et plaisir.

aucun sens à la vie. Parapine est donc, des quatre êtres en quête, le seul qui ait abouti à une conclusion; au moment où Baryton va entreprendre son voyage, lui est arrivé au terme pessimiste de toutes choses. Personnage de plus en plus négatif, Parapine serait-il alors, plus que Bardamu, l'incarnation même du sérieux métaphysique de la quête célinienne ?

*La dérision symbolique*

Le « sérieux » de toutes ces aventures existentielles est cependant relativisé par le réseau des connotations symboliques, qui réduisent la portée des mythes. Céline dote en effet le *Voyage* d'une onomastique dérisoire : noms de pays, noms de personnes concourent sinon à reproduire le comique des traditions picaresques, du moins à relativiser la portée de tout discours philosophique. Des noms, de personnes, de pays, de choses surgit souvent une connotation paillarde, qui renvoie le signe à un érotisme farfelu ou incongru : Branledore, Mandamour, Puta; San Tapeta, Fort Gono; l'*Infanta Combitta*, l'*Amiral Bragueton*... Mieux encore, comme chez Balzac, il semble que du nom suinte la psychologie, la physionomie du personnage; de la sorte « Branledore » définit au mieux l'être théâtral et jouisseur que Céline présente sous ce vocable; au début du huitième chapitre, le texte est comme sécrété par ces phénomènes spectaculaires; et Céline semble « filer la métaphore » dans le rythme même de sa phrase :

Branledore mon voisin d'hôpital, le sergent, *jouissait*[1], je l'ai raconté, d'une persistante popularité parmi les infirmières, il était recouvert de pansements et *ruisselait*[2] d'optimisme (P. 98 / F. 129).

1. Souligné par nous.
2. Souligné par nous.

Si son nom fait de Branledore un « être-pour-le-sexe », Parapine, lui, est doté d'une sexualité plus complexe, comme le souligne l'étymologie de son patronyme; il doit se méfier, se protéger de l'érotisme : les lycéennes, objets de ses fantasmes, ne lui apportent guère que du désagrément (les parents d'élèves sont à ses trousses). Sur un autre mode, la « Compagnie Pordurière » annonce bien l'état d'esprit qui la régit : le pataquès portuaire/ordurière désignant à l'avance les manipulations frauduleuses et les excès colonialistes des politiciens et financiers « malpropres » qui la constituent.

Tous ces effets hyper-signifiants montrent du doigt l'illusion romanesque. Tout, au départ, est fantaisie. Et c'est bien là encore que réside l'ambiguïté de Céline, qui se plaît à démonter devant le lecteur ses artifices et paraît dire : « ceci n'est que du roman »; nouvelle trace de l'univers shakespearien : les réponses sont toujours à double tranchant, et le sens cohabite avec l'absurde. Alors que dans le roman proustien, le nom est un matériau de base extrêmement riche de connotations, et qui peut à lui seul susciter un réseau de descriptions ou d'histoires — bref, un « roman », chez Céline, il demeure ridiculement « simple » : la plupart des « noms de pays » céliniens ne font que répéter le motif de la nuit, ou de la mort, impliqué dans le titre du livre : Noirceur-sur-la-Lys, Rancy (vocable « moisi » constitué à partir des réels Drancy ou Le Raincy). Tout se passe comme si les noms, par leur symbolique rudimentaire, revenaient dans le récit pour rappeler au lecteur les « vérités premières » que le mensonge universel tente d'occulter : le plaisir, la mort. Chaque personnage erre ainsi entre la réalité des noms et ses mythes personnels. Au fond, en toute quête, il y a aussi de quoi rire, et matière à plaisanter; la « Bambola-Bragamance » n'est pas fort éloignée de la « Grande Garabagne » de Michaux : lieux irréels, peuplés des hallucinations d'un sujet-écrivant, fruits de l'imaginaire en délire. Ainsi apparaît un paradoxe romanesque : alors qu'il devrait être porteur de sens pluriels, ouvrir un vaste champ thématique, le récit mythique résulte peut-être seulement d'obsessions élémentaires, qui ne mènent qu'au constat de leur présence. Les Noms du *Voyage* constituent l'arrière-plan ironique des explorations philosophiques de Bardamu, Robinson ou autres Parapine et Baryton.

*De la métaphore au mythe :*
*la lumière et la nuit*

Au reste, le contenu des mythes ne peut-il contrebalancer la dérision du jeu littéraire? Car les discours de Bardamu mettent en lumière des concepts qui, depuis le Romantisme, laissent rarement place à l'humour : le destin, la mort, souvent parés de majuscules, n'apparaissent pas dans un contexte comique. De plus si, hiérarchiquement parlant, le mythe de la quête occupe la première place dans le récit, d'autres mythes émergent, dont les significations n'ont rien d'univoque; c'est le cas du mythe nocturne, impliqué lui aussi par le titre de l'ouvrage.

Son importance est délibérément soulignée par la fréquence d'utilisation du mot, véritable leitmotiv tissé dans la trame narrative : terme emblématique, dont l'instance mythique est parfois indiquée par la majuscule. Une rapide lecture permet de constater qu'il n'est guère d'ensembles de dix pages où le mot ne figure point.

Mais, paradoxalement, cette omniprésence rend problématique le/les sens du mythe. Au début du livre, celui-ci prend une nette coloration racinienne; dans la tragédie de la guerre, la nuit et le jour s'opposent par leur relation avec l'existence humaine : le Soleil et la lumière sont perçus de prime abord comme des instances meurtrières :

> La première lumière qu'on verrait, ce serait celle du coup de fusil de la fin (P. 27 / F. 40).

Les officiers, êtres funestes, voués à la destruction du « pauvre », sont des figures solaires : leurs uniformes réfractent des rayons malfaisants, captant ainsi l'ardeur agressive du jour. Le soleil devient une arme de guerre :

> Jamais je ne m'étais senti aussi inutile parmi toutes ces balles et les lumières de ce soleil (P. 12 / F. 22).

La lumière paraît, plus loin, le signe cosmique avant-coureur de la destruction : « Le jour était impitoyable de la terre au ciel » (P. 44 / F. 62). Symbolisant l'emprisonnement de l'univers, il est la cause sensible de l'angoisse humaine :

> Il faudrait essayer de passer à travers celui-là encore comme à travers les autres, devenus des espèces de cerceaux de plus en plus étroits, les jours, et tout remplis avec des trajectoires et des éclats de mitraille (P. 46 / F. 65).

Cette étroitesse qui, étymologiquement, appartient en propre à l'angoisse *(angustia)* marque l'enlisement de l'homme dans sa condition. Le motif et le thème sont repris dans le contexte africain : le soleil est un élément-pour-la-mort, qu'il paraisse directement nocif par sa chaleur, son feu (« Le lendemain vint quand même, cette chaudière », P. 132 / F. 174), ou qu'il évoque, dans ses manifestations dérisoires, le « chiqué » d'une nature morbide[1].

On ne peut donc, suivant le schéma très traditionnel, opposer le soleil apollinien, source de santé et de créativité, à la nuit, lieu de l'obscurantisme maladif. Céline ne garde du classicisme que la déviation racinienne; la lumière « naturelle » oppresse les hommes par les hypocrisies meurtrières et les hallucinations qu'elle distille : la théâtralité, dans le *Voyage*, est généralement liée à l'apparition d'une source lumineuse. Mais seule la lumière artificielle, pro-

1. Cf. commentaire p. 123.

duite par l'être humain, offre une illusion de bien-être momentané : c'est le cas à l'intérieur de la symbolique péniche près de Toulouse ou au Tarapout :

tout était luxe, aisance, cuisses, lumières, savons, sandwiches (P. 355 / F. 449).

Cependant, parallèlement à ce système signifiant, la nuit paraît ressortir à une métaphore plus convenue, plus académique, qui fait de l'univers nocturne l'espace/temps de la mort et du mal. L'itinéraire de Bardamu « au bout de la nuit » constituerait alors une progression vers la mort, dont le point final serait l'assassinat de Robinson. Le couple nuit/lumière reprendrait ainsi en charge le célèbre cliché opposant la vie et la mort; de fait Bardamu utilise à maintes reprises ce dualisme métaphorique pour décrire la condition humaine :

La vie c'est ça, un bout de lumière qui finit dans la nuit (P. 340 / F. 430).

La nuit, le monde de l'inconscient et de ses fantasmes s'ouvre, béant, devant Bardamu; elle symbolise tout ce que la psychanalyse tente d'explorer : l'instinct primitif, les régressions de toutes sortes. La nuit africaine révèle ses « monstres » : pulsions de mort, soifs de destruction, « délire amoureux », sur un mode forcené. Ces instincts nocturnes sont également associés au stade anal de l'homme, forme originelle de la mort; c'est là l'obsession du soldat Kersuzon qui trouve le paysage « noir comme un cul ». La nuit constituerait donc l'origine et la fin de toutes choses, qui rendrait ainsi vaine la Quête du narrateur, et inutile l'interrogation sur la destinée de l'homme; cela était déjà inscrit, symboliquement, au tout début du voyage de Ferdinand :

Par là où il montrait, il n'y avait rien que la nuit [...] une nuit énorme qui bouffait la route à deux pas de nous (P. 23 / F. 36).

Le jour ne devient plus alors que l'envers fallacieux de la nuit, où se jouent les représentations sociales, psychologiques et morales : de ce point de vue Branledore est un personnage solaire.

Mais la nuit représente encore l'espace et le temps de la solitude : thème également traditionnel, mais propre celui-ci à la culture romantique; le monde nocturne offre au sujet la possibilité de s'écarter des Autres pour mieux se livrer à l'introspection. C'est alors que sa mémoire se met en marche, et qu'il tente de réorganiser son passé; la nuit exprime métaphoriquement la « recherche du temps perdu », et les êtres et choses du souvenir sont assimilés aux objets perçus de nuit : on en ressent tout à la fois la présence et l'absence. Ainsi, au cœur de la nocturne forêt africaine, Bardamu tente-t-il de « retrouver » Robinson à travers l'aventurier qui converse avec lui :

> Dans l'obscurité, il continuait à me parler pendant que je remontais dans mon passé avec le ton de sa voix comme un appel devant les portes des années et puis des mois, et puis de mes jours pour me demander où j'avais bien pu le rencontrer cet être-là (P. 169 / F. 218).

Ce qui paraît donc, dans le *Voyage*, une métaphore ou un symbole, se transforme rapidement en une figure complexe et plurielle du récit : la Nuit, c'est à la fois la vie et la mort, l'angoisse et le bien-être solitaire, la recherche du passé et la voie illimitée du devenir. Les ambiguïtés sont d'autant plus fortes que Céline utilise des données culturelles contradictoires, du classicisme à la moderne psychanalyse. Page après page, le sens varie, se gauchit, contredit ou amplifie la signification précédente. Nous nous trouvons en présence d'un véritable « muthos », d'un récit dont les signifiés vont au-delà de leur signification première, apparente, qui dit à la fois la même chose et autre chose. Les errances du Sens reflètent ainsi, dans le langage, les errances de Bardamu dans le monde : le mythe (les mythes) nocturne(s) complète(nt) ainsi l'expérience de la Quête.

*Le nihilisme du* Voyage

Lieu de l'errance, la nuit devrait fournir des réponses, même incomplètes, aux interrogations des personnages. Au cours d'un premier bilan, à Rancy, Bardamu remarque que d' « avoir suivi dans la nuit Robinson jusque-là où nous en étions, j'avais quand même appris des choses » (P. 308 / F. 390). Le personnage en quête est d'ailleurs toujours une figure nocturne : Baryton, atteint de son hystérie de savoir, n'est plus, quand le train l'emporte au loin, qu' « une main, élancée dans le bruit, déjà sur la nuit » (P. 441 / F. 554). Quelle leçon le narrateur retire-t-il de la diversité sémantique du réel ?

En fait, Bardamu n'acquiert que des bribes de connaissance. Là même où il pouvait espérer voir apparaître l'être de la vie, ses perceptions, son entendement n'ont pu venir à bout des choses, qui « ne disent rien du tout et sont reprises par la nuit » (P. 312-313 / F. 396). Nouvel Orphée à la poursuite de l'Etre, enfui sitôt qu'entr'aperçu, il est prisonnier d'un monde oxymorique, qui révèle et opacifie tout à la fois. Ferdinand s'égare dans l'espace insignifiant comme le lecteur se perd dans les méandres des mythes céliniens, dépourvus de territoire sémantique précis.

Dans ce monde chaotique, seul domine le sentiment de perte, d'échec. La Nuit, dont on avait cru qu'elle allait exprimer, comme dans les comédies de Shakespeare, la « musique des sphères » *(Périclès)*, le mystère des choses, n'est qu'un espace vide, sans dieu(x) et sans valeurs, où tout se fait et se défait sans raison ; le mythe lui-même, à force de vouloir signifier de façon approximative et excessive, se « vide » de ses contenus; en fait, la nuit est le non-sens envahissant, le rien, le « vide avide » (P. 40 / F. 58), qui paralyse toute conclusion : le personnage nocturne a simplement conscience qu'aucune question métaphysique ne reçoit de réponse.

### *L'échec de la raison et de la philosophie*

C'est sans doute par cette destruction, ce pourrissement des significations que la vie et le mythe se rencontrent; Bardamu, incapable de constituer un véritable savoir, s'est retrouvé « sur le chemin de rien du tout » (P. 458 / F. 574). La polysémie toujours en suspens de ses mythes fait ainsi du *Voyage* un anti-roman philosophique. Le seul nihilisme diffus qui subsiste au sortir de la quête ne suffit pas à constituer un système théorique : le rationalisme humaniste échoue face au réel. Avec Robinson meurt d'ailleurs le seul humaniste véritable du roman, celui qui est mû par « l'amour de la vie des autres ». Cette mort du double idéaliste de Bardamu constitue l'échec symbolique de la philosophie classique, qui n'a pu révéler en quoi consistait la vie.

Mais la rupture définitive entre la raison humaine et le cours des choses se situe au centre du livre, au cœur de l'épisode de Rancy, point culminant du roman. Bardamu erre sur les quais de la Seine, ressassant la mort inéluctable de Bébert, qu'il ne pourra sauver. Après une symbolique contemplation du fleuve, espace mythique de la méditation sur la Vie, il achète « un Montaigne » sur les quais. Céline transpose alors dans la langue de Bardamu une lettre de consolation de l'auteur des *Essais* (P. 289 / F. 367-368). Dans ce texte qui convoque toute la tradition humaniste (Montaigne se réfère à Plutarque), l'écrivain du XVIe siècle montre que la mort d'un enfant occasionne un chagrin momentané :

T'en fais pas va, ma chère femme! Il faut bien te consoler!... Ça s'arrangera!... Tout s'arrange dans la vie...

La transposition montre brutalement ce qu'une telle attitude peut avoir de caduc; l'optimisme, qui réduit la mort à un simple problème domestique, est caricaturé par la parodie; Bardamu en montre ainsi les limites historiques : « Peut-être qu'ils avaient vraiment du chagrin? Du chagrin de l'époque? » La réflexion, sous-jacente, du narrateur retrouve les problématiques existentielles développées chez Kierkegaard ou Dostoievsky *(Les Frères Karamazov)* : quelle logique peut-il y avoir dans un monde où les enfants (les « innocents ») sont « punis »? Ce qui chez ces deux auteurs aboutit au *credo quia absurdum*, devient pour Céline la preuve du nihilisme absolu : l'homme n'est pas l'Elu de la terre, et ses souffrances ne mènent qu'à constater le non-sens de la mort :

Je n'avais pas de veine avec lui Bébert, mort ou vif. (...) Il me semble qu'il n'y avait rien pour lui sur la terre, même dans Montaigne. C'est peut-être pour tout le monde la même chose d'ailleurs, dès qu'on insiste un peu, c'est le vide (P. 289 / F. 368).

Rien ne peut « récupérer » l'irrationalité de la vie, pas même, comme chez Camus *(la Peste)*, le sacrifice ou les valeurs morales. Aucune illusion n'est possible : une semblable dérive entraîne le corps et l'entendement. Toute culture appartient à un moment de la vie, n'apporte pas de remède : le prestigieux Montaigne est simplement désigné comme « vostre bon mari Michel » : simple prénom usuel d'un homme comme tout le monde, victime des illusions communes à tous.

Ce que l'homme croit déceler dans le réel n'est donc que mythologies — discours fallacieux, bavardage. A force de vouloir « combler le vide », faire parler ce qui n'a rien à dire, la parole s'écarte de l'Etre.

## *La parole et le néant*

Le *Voyage* est donc saturé de propos qui ne mènent nulle part. Plus Ferdinand erre, et plus les mots lui semblent un assemblage de sonorités stériles. Les premiers et derniers mots du roman prouvent bien que le Sens est en deçà et au-delà du langage. Les premières paroles de Ferdinand semblent une mise en forme chaotique, et hésitante : « Ça a débuté comme ça. Moi, j'avais jamais rien dit. Rien » (P. 7 / F. 15) : le verbe émerge maladroitement du néant, non sans réticence, comme si les souffrances commençaient dès l'instant qu'on parle. Les maux n'apparaissent que parce que l'énonciation les porte à la conscience : le neutre « ça » semble marquer une ultime répulsion à nommer le réel. C'est, également, si l'on en croit les thèses freudiennes, l'irruption de l'inconscient dans le « Moi » : le langage fait d'emblée émerger toutes les pulsions contradictoires de l'homme.

Mais les dernières lignes marquent un retour au vide et au silence : « qu'on n'en parle plus » (P. 505 / F. 632). Le livre achève son parcours en revenant au point de départ : y a-t-il eu réellement progression ? Sorti du silence originel, le livre retourne au zéro linguistique. Tout se passe un peu à l'envers de *la Recherche du temps perdu*; l'œuvre de Proust revient à son point de départ pour affirmer la conquête du temps par la parole littéraire : au terme de la *Recherche,* on s'aperçoit que la temporalité humaine existe grâce aux mots qui confèrent à la durée sa seule signification, et fondent ainsi « le Temps ». Chez Céline, le livre ne démontre rien d'autre que son impuissance à saisir l'être du temps : seul le silence est vrai, puisqu'il n'a pas d'existence et que la parole entraîne l'homme dans la dérive de la vie : « on se reperdait déjà dans les mots », remarque Bardamu à propos des commentaires qui suivent la mort de Robinson (P. 504 / F. 631). En fait, la vérité apparaît après le point final du récit : c'est le « blanc », l'indicible qui échappe à l'homme et à sa « littérature ». Concevoir une Idée est chose impossible :

Combien il m'en faudrait à moi des vies pour que je m'en fasse une idée plus forte que tout au monde? *C'était impossible à dire!*[1] C'était raté! Les miennes d'idées elles vadrouillaient plutôt dans ma tête avec plein d'espace entre (P. 500-501 / F. 627).

Mais alors, à quoi bon raconter la faillite du langage? C'est que la parole est ce par quoi, simplement, l'homme se sent exister, même si par elle aussi se manifeste avec acuité sa dé-raison, sa dérision. La parole joue ici le rôle qu'elle remplira quelques années plus tard dans le théâtre de Beckett. Par le délire verbal, l'homme accède à une relative assurance, à défaut de certitudes. Les mots pallient l'angoisse d'être — non pas les mots apprêtés et « morts-nés »[2] de la culture littéraire, mais les manifestations de la pulsion verbale; la « musique » rend d'ailleurs plus heureux que l'idée : au cours de la fête, dans la péniche, les convives ne sont joyeux que lorsqu'ils oublient le sens des mots et racontent n'importe quoi : communion éphémère dans le délire et l'ivresse, dans « le bonheur furtif des bobards impromptus » :

Nous restions accrochés aux phrases et aux coussins, bien ahuris par l'essai commun de nous rendre heureux (P. 406 / F. 510).

Quand le langage n'a d'autre but que de produire des sons, il rassure sur la « raison d'être » : je parle, donc je suis; communiquer n'est pas une « fonction langagière » :

Autant pas se faire d'illusions, les gens n'ont rien à se dire, ils ne se parlent que de leurs peines à eux chacun, c'est entendu (P. 292 / F. 371).

1. Souligné par nous.
2. Céline utilise l'expression dans la postface de *Guignol's band* pour critiquer la rhétorique des romans académiques (F. 376).

Les mots meurent d'eux-mêmes pour avoir voulu dépasser le langage.

La lucidité consiste donc à se taire — ce que font Parapine et Baryton. La parole se réduit à un effort pour atteindre l'ailleurs, à un suprême voyage vers un sens perpétuellement dilatoire. Les mythes céliniens comptent moins par eux-mêmes (leur signifié demeure toujours instable, polymorphe), que par les possibles qu'ils contiennent mais ne réalisent pas.

## LA PAROLE CÉLINIENNE

### *Les apports de la tradition*

Texte paradoxal, que le *Voyage* : plus il affirme, dénote, connote, explique, plus son sens devient flou, ambigu, comme suspendu au-dessus des mots. C'est que l'écriture romanesque de Céline pose, par son énonciation, un problème de lecture.

Malgré l'intrusion du langage parlé, le *Voyage au bout de la nuit* doit encore beaucoup, stylistiquement parlant, à la tradition littéraire. Céline ne rejette pas l'utilisation d'un « beau » langage, dont l'apparition fait immédiatement entrer un roman dans une confrérie : le goût, déjà relevé, des formules aphoristiques, l'emploi assez voyant du passé simple et des subjonctifs imparfait ou plus-que-parfait — éléments-phares de toute stylistique « orthodoxe », de tout « rituel des Belles-Lettres » (R. Barthes) — témoignent d'une soumission aux codes narratifs du roman classique :

Nous allâmes ce jour-là vers le champ de courses (P. 55 / F. 76);

Nous descendîmes vers Saint-Cloud (...) Quand nous parvînmes au pont... (P. 59 / F. 80);

Il me fit sans que je l'en priasse, de Grappa, un portrait express au caca fumant (...) Il aurait désiré que toutes les minuscules disponibilités indigènes demeurassent cela se comprend... (P. 155-156 / F. 203).
Non pas je pense qu'il eût été plus néronien qu'un autre (P. 154 / F. 201).

Céline ne néglige pas non plus le recours au « style artiste », fort prisé des naturalistes de la fin du XIXᵉ siècle, et que Maupassant avait illustré par ses romans[1]; modifier la place usuelle d'un adjectif, en revenir à l'élégance formelle des auteurs classiques, voilà qui désigne l'artisan de l'écrit. Bien évidemment, se démarquer de la syntaxe ordinaire, c'est encore là une codification, dont les traces sont sensibles dans le *Voyage*; l'antéposition du pronom personnel complément d'objet s'y remarque notamment :

Je l'aurais cependant bien dû tenter (P. 262 / F. 332).

Par moments aussi, le modèle proustien se fait sentir, modèle, comme on l'a vu, diversement apprécié de Céline; il n'en demeure pas moins que certaines lignes du *Voyage* se font l'écho du célèbre rythme ternaire, que l'auteur de la *Recherche du temps perdu* utilise comme clausule, au terme de ses longues subordonnées :

... lui, jaune, gastritique au possible et constipé (P. 22 / F. 35);
... ce lapin, derrière sa petite grille de côtes, agité, blotti, stupide (P. 38 / F. 55);
... toute la personne substantielle, bavarde et parfumée jusqu'à l'évanouissement (P. 74 / F. 99);
... une manière de prologue impromptu, versifié, mélodieux (P. 77 / F. 103);
... il reste dedans une grande place trouble, pour les pauvres, pour les rêves et pour les morts (P. 201 / F. 258).

1. Cf. Roland Barthes, *le Degré zéro de l'écriture.*

C'est donc sur ces schèmes narratifs traditionnels que vient se déposer un « langage parlé ». Mais de quel langage s'agit-il exactement ? On a sans doute beaucoup exagéré, dans les années qui ont suivi la parution de l'ouvrage, le pittoresque de sa langue (diversement définie comme « populaire », « argotique », « ordurière »...). Céline, certes, introduit l'argot, et les tournures syntaxiques du code oral, principalement son système de désignation, plus approximatif que l'écrit :

Ça a commencé comme ça (P. 7 / F. 15).

et il bouleverse l'ordre d'énonciation « normal » (sujet/verbe/complément); mais ce n'est pas là une très grande innovation; des études précises de la stylistique du *Voyage* montreraient que les phrases « parlées » s'élaborent la plupart du temps par simple détachement du sujet ou du complément, ce qui modifie le rythme de la phrase, mais non véritablement sa syntaxe; dans quelques cas limites, ces bouleversements simultanés, et les mises en apposition peuvent provoquer une « organisation chaotique », mais syntaxiquement claire :

Il avait l'air de la saluer lui, ce cavalier à pied, la guerre, en entrant (P. 16 / F. 27).

### *Ruptures*

Le rythme n'est cependant pas gratuit. Imprécis et fluctuant, il traduit immédiatement un donné psychique : tout comme les mots dans la phrase, l'homme n'a plus de place déterminée dans le monde, le style alors ne vise pas un pittoresque : il ne s'agit pas de faire croire au lecteur que c'est « un homme du peuple » qui parle. Le style devient l'expression physique de l'être humain : il rend compte, sans qu'une pensée romanesque extérieure (extradiégétique) n'ait organisé le message, d'une situation : fonction assumée non par le discours, mais par une « parole », si l'on entend par ce mot la capacité qu'a le langage de s'exprimer immédiatement, sans l'intervention d'une codification obligée de l'écrit. En cela, naturellement, Céline rompt avec le roman balzacien, dont le démiurge impersonnel « filtre » les informations et les sens en un discours bien « normé ». En cela aussi, il s'écarte des traditions naturalistes et populistes (Zola, Daudet, Dabit...) qui ne font pas du langage « oralisé » la matière même de la narration, mais un ensemble de propos rapportés. Céline ne cherche pas à faire « naturel », ce qui ne serait qu'une autre forme stéréotypée de l'écrit, mais à créer une immédiateté de la langue.

Au demeurant, la parole célinienne ne constitue pas un langage univoque, apanage du narrateur. Le « Je » ne se situe ni dans la tournure académique, ni dans le style oral : les deux tendances s'interpénètrent complètement. Le début du IV$^{e}$ chapitre, en ce sens exemplaire, mêle la technique orale du récit, qui affectionne le passé composé et l'indéfini collectif (le « on » abstrait, globalisant, sans détermination personnelle) et le code narratif de l'écrit, usant du passé simple et du pronom personnel (un « nous » qui désigne des protagonistes précis) :

> Après un repos, on est remonté à cheval, quelques semaines plus tard, et on est reparti vers le nord. Le froid lui aussi vint avec nous (P. 31 / F. 47).

Technique qui confère à la narration de Bardamu un double sens : le « on » semble impliquer une humanité à la fois proche et lointaine, vivant dans l'incertitude temporelle (« un », « quelques ») et spatiale (le « Nord », contrée quasiment symbolique). La deuxième phrase, par contre, introduit le lecteur dans le réel : on retrouve des personnages précis, une saison à la caractéristique définie : c'est le mélange des styles qui maintient ainsi l'ambiguïté du sens, qui confond mythe et réalité.

## *Le jeu des discours*

La parole de Bardamu restitue une pluralité de discours, langages qui tous possèdent des caractéristiques sociologiques et idéologiques bien définies : on a pu voir que l'Histoire apparaissait dans le *Voyage* par le style, non par référence à une réalité datée[1]. Comme Proust, Céline restitue le champ sémantique propre à certains módes de penser, en même temps que leurs habitudes stylistiques; ainsi retrouve-t-on dans les formules de l'étudiant Arthur Ganate les leitmotive de l'extrême droite française : la défense de « la race française »... « j'en suis, moi, pour l'ordre établi »... « je n'aime pas la politique »... « Et d'ailleurs le jour où la patrie me demandera de verser mon sang pour elle... » (P. 8-9 / F. 16-17). Les mêmes procédés apparaissent dans les discours des Bestombes[1], Branledore, Baryton, etc. L'intention critique de Céline se manifeste généralement à deux niveaux : soit par l'adjonction de commentaires faussement naïfs et masochistes de Bardamu, dans un contexte homodiégétique (Bardamu étant lui-même narrateur et acteur) : « C'est exact, Maître, c'est cela même »... « Cela est beau, Maître! Trop beau! C'est de l'Antique! » (P. 94 / F. 123); soit, à un niveau plus hétérodiégétique, par la schématisation de plus en plus accentuée d'un pastiche, ou l'accumulation polyphonique de discours variés[2].

## *L'adjectif*

Ici sans doute convient-il d'examiner la fonction de l'adjectif; on remarque vite que dans les pastiches et les parodies, il vient surcharger le substantif, pour saturer le sens de ce dernier. Le nom, qui en lui-même pourrait paraître

1. Cf. *supra*, p. 75.
2. Voir à ce propos le « récit » de Parapine (P. 353 / F. 446-447).

anodin, étouffe littéralement sous les adjectifs, qui deviennent ainsi les instruments de la dérision. Lorsqu'il emprunte le discours de la légalité bourgeoise, Princhard place systématiquement un adjectif emphatique au côté d'un substantif déjà grandiloquent.

> Tout nous démontre qu'un larcin véniel, et surtout d'aliments mesquins, tels que croûtes, jambon ou fromage, attire sur son auteur immanquablement l'opprobre formel, les reniements catégoriques de la communauté, les châtiments majeurs, le déshonneur automatique et la honte inexpiable... (P. 67 / F. 90).

Selon Barthes, l'adjectif, par l'image qu'il ajoute au substantif, en fixe du même coup les connotations, en fige le sens de façon définitive : l'adjectif placerait ainsi le nom du côté de la mort. C'est bien ce rôle-là qu'assume l'adjectif célinien, mais à un degré extrême : il « tue » le nom de façon plus radicale encore en le vidant de sa substance : signe creux, le substantif dévoile alors sa supercherie idéologique ; aucune valeur (« honte », « déhonneur »...) ne résiste à la qualification.

Cette fonction décapante s'applique également aux propos du narrateur : l'adjectif déploie une sorte d' « auto-ironie » ; ainsi, quand, sous prétexte de veiller au régime de Lola, Ferdinand propose son aide à la jeune fille : « Je la suppliai de se confier à mon affection vigilante » (P. 51 / F. 70), l'adjectif apporte une note cynique, en sous-entendant à peine ce que cette vigilance aura d'érotique.

De plus, le qualificatif confère toujours aux êtres et aux choses un aspect maniaque : on parle de « diligents moustiques », de « petitesses sagaces », etc. : façon encore de rabaisser le sujet, l'action ou l'objet à une instrumentalité sordide ; il n'y a guère que les éléments mythiques (la Nuit, le Destin, le soleil, le fleuve) qui échappent aux qualifications dégradantes et poisseuses.

Inscrits dans la parole même de Bardamu, les adjectifs en réduisent donc le sérieux par une forme de remise en cause sémantique, qui contraste curieusement avec le goût assertorique du « héros ». Ils n'ont encore que fort rarement l'indépendance expressive qu'ils acquerront dans les œuvres suivantes où, devenus par « incorrection syntaxique » de véritables adverbes, ils apporteront une tension supplémentaire à l'action verbale; on peut comparer dans le *Voyage* : « on ne sortait plus de l'envie de roupiller énorme » (P. 35 / F. 52) avec les « Je me méfie atroce » de *Guignol's band*[1]. Ici, ultime avatar de l'adjectif, le qualificatif exprime un état physique en soi, dégagé de tout support nominal, et de l'affadissement de la forme adverbiale (« énormément » est trop codifié pour ne pas paraître banal). Il ne s'agit alors plus de dissoudre un discours idéologique dans une parole ironique, mais de fonder une nouvelle langue, qui sécrète elle-même ses modes d'intensité, ses valeurs référentielles : l'adjectif, dans le *Voyage*, paraît être le mot en devenir, qui symbolise simultanément la fonction ambiguë du style de Céline.

Tout comme l'adjectif, la juxtaposition — ce degré zéro de la syntaxe qui constituera l'axe stylistique des derniers livres — contribue à ruiner les catégories et hiérarchies sémantiques; le signe s'écarte de l'unité référentielle par le méli-mélo accumulatif de la description :

> ... les Allemands pouvaient arriver ici, massacrer, saccager, incendier tout; l'hôtel, les beignets, Lola, les Tuileries, les Ministres, leurs petits amis, la Coupole, le Louvre, les Grands Magasins... (P. 53 / F. 73).

Ce genre d'accumulation mène souvent à la parodie ou au burlesque :

> Tout était luxe, aisance, cuisses, lumières, savons, sandwiches (P. 355 / F. 449).

1. Folio p. 376.

L'idéalisme baudelairien de l'*Invitation au Voyage*[1] est ramené, de concepts abstraits, à de solides et indistinctes priorités d'hygiène et de confort.

*Un anti-roman*

Toute cette virtuosité stylistique fait du *Voyage au bout de la nuit* un livre limite de la littérature romanesque. Reprenant à son compte quelques éléments épars du roman « classique » (post-balzacien), il ne laisse pas, en introduisant une parole alliant style oral et pastiches de toutes sortes, d'en dénoncer les supercheries implicites. Tout un héritage stylistique se décompose dans le *Voyage*, comme la réalité moderne se dégrade sous le regard de Ferdinand; le *Voyage* est, à la lettre, un anti-roman, car il prend le contre-pied systématique du romanesque traditionnel. Non seulement Bardamu peut être compris comme un « antihéros »[2], mais le langage qu'il véhicule se retourne contre tous les discours antérieurs ou contemporains, et même contre la narration à la première personne. Les modèles du livre[3] sont remis en cause par le style, qui en démantèle les tics et les codes. Le *Voyage* est une œuvre carrefour de la production célinienne, qui opère une synthèse contradictoire entre une tradition mourante et une langue à venir; œuvre unique, dans la mesure où les ouvrages suivants s'appliqueront davantage à la recherche des innovations formelles, à la construction d'une nouvelle syntaxe.

1. « Là, tout n'est qu'ordre et beauté,
Luxe, calme et volupté. »
2. On a souvent vu en Bardamu l'homme des contre-valeurs : la lâcheté, l'irréligion, l'obsession sexuelle, etc.
3. Cf. *supra* « le contexte ».

### *L'émotion*

La parole célinienne apparaît donc comme un matériau brut qui laisse s'exprimer les contradictions des discours et des mythes : instabilité fondamentale et délibérée, qui participe d'une « émotion ». C'est en effet le terme qu'utilise Céline dans ses commentaires pour qualifier le but de ses recherches stylistiques. Dans *Entretiens avec le Professeur Y*, il se définit comme l'inventeur de « l'émotion du langage parlé à travers l'écrit », le créateur d'une « transposition ». Dans ce texte (édité en 1955), l'écrivain précise encore sa méfiance à l'égard des littératures « à thèses ». De fait, on sait que les analyses souvent polymorphes de Bardamu aboutissent rarement à de réelles certitudes; même si les intentions de Céline ont pu être différentes dans les années 30, les déclarations des *Entretiens* conviennent assez bien à une lecture plus moderne du *Voyage* : « J'envoie pas de messages au monde!... moi! (...) je laisse les *idéâs* aux camelots! toutes les *idéâs*! aux maquereaux, aux confusionnistes!... »[1]. L'émotion célinienne restitue donc non la vérité, mais le réel exact ou illusoire, analysé ou halluciné, dans une perception immédiate, à fleur de nerfs. La parole n'a pas le temps d'élaborer un message cohérent, et définitif, qui la figerait de façon mortelle; elle semble renoncer à classer, inventorier des événements, des faits, comme le narrateur impersonnel du roman balzacien. Elle est, pour reprendre une définition de Barthes, la « plongée de l'écrivain dans l'opacité poisseuse de la condition qu'il décrit »[2]. Au sens classique, rien n'est « clair » en effet dans cette matière impensée que

1. Paris, Gallimard, 1955, p. 22.
2. *Le Degré zéro de l'écriture*, Paris, Points/Seuil, p. 59-60 : il s'agit ici d'une remarque concernant précisément l'œuvre de Céline.

devient la parole émotive. Ce que Céline condamne justement dans l'académisme, c'est la toute-puissance ordonnée du signe littéraire, qui frappe de mort le récit : comment une telle raideur, de telles certitudes seraient-elles capables de transcender l'Histoire dans laquelle, pour Céline, s'inscrit toute écriture?

L'émotion est donc, à l'image du monde réel, la juxtaposition d'un agglomérat d'idées, de mots, de formes transposés par la subjectivité contradictoire d'un narrateur. Et déjà, dans le *Voyage*, cette fragmentation du récit, qui définira les ouvrages postérieurs de l'écrivain, arbore sa typographie bien connue : le point d'exclamation, les « trois petits points » de suspension, à laquelle se joint l'argot, « ce langage de haine qui vous asseoit très bien le lecteur »[1]. Le récit de Parapine et le discours de Princhard sur la guerre et la société bourgeoise constituent des modèles du genre :

> Il ne demande jamais qu'à mourir le peuple! Il est ainsi. « Vive Diderot » qu'ils ont gueulé et puis « Bravo Voltaire! ». En voilà au moins des philosophes! Et vive aussi Carnot qui organise si bien les victoires! Et vive tout le monde! Voilà au moins des gars qui ne le laissent pas crever dans l'ignorance et le fétichisme le bon peuple! Ils lui montrent eux les routes de la Liberté! Ils l'émancipent! Ça n'a pas traîné! Que tout le monde d'abord sache lire les journaux! C'est le salut! Nom de Dieu! Et en vitesse! Plus d'illettrés! Il en faut plus! Rien que des soldats citoyens! Qui votent! Qui lisent! Et qui se battent! Et qui marchent! Et qui envoient des baisers! (P. 69 / F. 92-93).

Ces deux textes[2] présentent une écriture fort complexe, car l'émotion ici ne repose pas sur une schématisation quelconque de propos anodins, ni sur une simple modification rythmique; trois niveaux de discours au moins émergent de l'écriture. D'abord le discours du narrateur *appa-*

1. *Entretiens avec le professeur Y*, Paris, Gallimard, 1955, p. 71-72.
2. Cf. P. 67-71 / F. 90-94 et P. 353 / F. 446-447.

*remment* hétérodiégétique — Bardamu[1], dont on retrouve les tours stylistiques (« notons-le ») et les thèmes (l'omniprésence de la pulsion sexuelle[1], la remise en cause de la guerre). Ensuite s'insère le propos rapporté du personnage, en une sorte de pseudo-discours indirect : le discours médical de Parapine[1], les tendances anarchisantes et les références culturelles du professeur qu'est Princhard (Voltaire, Diderot). Un troisième niveau enfin est constitué par la transposition argotique (« se faire pomper », « Bistoquette »[1], « ils ont gueulé »). Là, c'est une parole sans « locuteur » précis qui apparaît; simplement la transcription d'une pensée populaire. Mais l'absence de pittoresque empêche le lecteur de situer cette voix dans un contexte géographique ou sociologique plus précis.

Cette parole émotive n'est donc pas réellement le fait du seul Bardamu mais devient un langage pluriel, stratifié mais compact. Evitant l'alternance style direct/style indirect du roman classique, elle fait jaillir directement des propos bruts, et offre au lecteur une grande diversité d'intentions (donc : de jugements) idéologiques. Le lecteur n'est jamais tenu à distance (le choc du vocabulaire, ou, dans d'autres textes, la provocation l' « asseyant » à la merci du narrateur), mais il ne peut non plus s'identifier à un personnage précis. Au reste un tel carrousel de discours n'est jamais, comme on l'a vu[2], sans provoquer quelques chocs dérisoires entre des concepts, des écritures que rien ne peut associer.

### *Polyphonies*

La parole célinienne, pour toutes ces raisons, évoque l'écriture d'*A la Recherche du temps perdu*, qu'on lui associe

1. Cf. P. 67-71 / F. 90-94 et P. 353 / F. 446-447.
2. Cf. *supra*, p. 74-77.

fréquemment. Ce qui les réunit, c'est assurément cette conscience que tout discours, y compris celui qui prend en charge la narration, est inscrit dans une temporalité historique; la place de l'homme y est définie par le langage qu'il utilise : Mme Verdurin, M. de Guermantes, Bloch ont tous le langage particulier d'une époque, d'une classe sociale, d'une caste, tout comme les Henrouille, Bestombes, Baryton. Le langage chez Proust et Céline devient alors non la mise en forme obligée du contenu narratif, mais l'action même du récit, ce par quoi l'évolution d'un personnage (et de sa « psychologie ») sont perçus.

La différence entre ces deux « inventions » romanesques réside plutôt dans le mode d'émergence de la parole à travers la subjectivité du narrateur. Le « Je » proustien reste à l'écart de ces discours (hétérodiégétique), les accueille dans son récit, les contemple, les analyse à distance : il est à la fois le lieu de leur énonciation et de leur critique. Le « Je » célinien, lui, n'opère aucune critique dans la mesure où il se métamorphose aussi en discours de l'autre, sans néanmoins renoncer à ses propres tours. Il n'est que d'opposer le langage de Bloch[1] à celui du directeur de la Société Pordurière[2] pour mettre en évidence ces distinctions. Le style snob, le pédantisme de Bloch sont passés au crible par la critique du narrateur :

> [...] dès qu'il commençait à s'attendrir et désirait qu'on s'attendrît sur un fait faux, il disait : « Je te le jure », plus encore pour la volupté hystérique de mentir que dans l'intérêt de faire croire qu'il disait la vérité.

Dans le *Voyage*, Bardamu parle *en même temps* que le directeur, en introduisant sa ponctuation, son ironie... La parole célinienne produit ainsi ce que l'écriture musicale

1. M. Proust, *A la Recherche du Temps perdu*, Pléiade, I, p. 745-746.
2. P. 130 / F. 170-171.

seule autorise, l'audition simultanée de plusieurs voix : une phrase appartient à plusieurs niveaux de langue, à plusieurs psychologies, à plusieurs personnages à la fois. L'idée que l'écriture romanesque peut s'apparenter à la musique est d'ailleurs souvent reprise chez Céline; mais il vise plus l'harmonie que la mélodie (simple progression linéaire) : celle-là absorbe en effet les contradictions des sons, des timbres — des personnages, de la vie[1]. Ferdinand n'est pas « Marcel » et la voix du narrateur célinien ne possède pas un espace d'énonciation défini.

### *Une redéfinition des rôles littéraires*

Le style du *Voyage* a pour premier effet de modifier les rapports classiques entre le narrateur et le lecteur (ou « narrataire »). Certes, le « Je » qui mène le récit a une fonction très classique : il assume la narration en tant qu'acteur principal; pour reprendre la terminologie de G. Genette, son rôle est autodiégétique. Mais la fragmentation, à l'intérieur de son propre récit, de ces « discours » sans énonciateurs précis fausse quelque peu cette subjectivité traditionnelle. A travers Bardamu, finalement, « on » parle; en ce sens, Ferdinand maintient le lecteur à distance, l'empêche d'opérer toute analogie avec le narrateur. Psychologiquement, il n'est pas d'illusion possible, grâce à cette « déconstruction » des discours.

Néanmoins cette distance même entoure, oppresse le lecteur. Car dans la mesure où l'on entend plus des voix que des personnages précis, dans la mesure où la surenchère, la provocation agressent l'Autre, nulle indifférence n'est possible. Un rapport dialectique s'établit ainsi, le lecteur

1. Tel est le sens de l'envoi de la postface à *Guignol's band* (F. 377-378).

passant sans cesse de l'attraction à la répulsion, de l'adhésion — il faudrait dire : de l'adhérence — au texte, à la distanciation. Le lecteur unifie les différents niveaux du récit, accorde ces voix que Bardamu n'a pas la tâche d'ordonner. La notion de « récit », en tant que parole conçue extérieurement au lecteur s'estompe peu à peu pour laisser place aux élans internes de l'émotion, c'est-à-dire à la discontinuité d'une subjectivité qui n'appartient en fait à aucun « Je » précis — qui passe alternativement de Bardamu aux autres personnages ou au lecteur.

Le cas est particulièrement net dans les passages polyphoniques évoqués plus haut; au lieu de placer la narration à un niveau métadiégétique, Céline fait cohabiter brusquement, le récit premier et le récit rapporté. Le style indirect libre, utilisé à plein, devient jusqu'à la parole du narrateur. Il se peut que le choix sémantique des mots trahisse l'émergence du discours d'autrui; mais le rythme de la parole de Bardamu transforme les « on dit » en discours du « Je » :

> L'espèce de mitrailleuse qu'on entend en rage dans l'air de ce côté-là, par rafales, c'est seulement la moto du type au « Disque de la Mort ». Un « évadé » qu'on dit, mais c'est pas sûr. (...) Qu'il en finisse alors un bon coup avec son engin! Qu'il se la casse une bonne fois la gueule et la colonne avec et qu'on en parle plus! (P. 483 / F. 606).

Ailleurs, dans ses moments les plus « classiques », Bardamu semble toujours raconter pour arriver à l'aphorisme, dont la portée sémiologique devient essentielle : l'aphorisme, c'est le sens débarrassé de la scorie subjective — parole définitive qui semble quitter la temporalité du récit; parole-pour-le-lecteur, qui unit narrateur et narrataire dans une quête commune. Certaines conclusions de Ferdinand visent d'ailleurs un personnage de connivence, ou un auditoire — les « notons-le » qui émaillent les démonstrations, ou encore l'emploi de la deuxième personne du pluriel :

> Tous les ouvrages de puériculture elle les avait lus et surtout ceux qui lyrisent à en pâmer les maternités, ces livres qui vous libèrent si vous les assimilez entièrement de l'envie de copuler, à jamais. A chaque vertu sa littérature immonde (P. 218 / F. 278).

Le « vous » ici a évidemment un sens collectif, mais c'est aussi, quelle que soit sa codification rhétorique, une adresse à un interlocuteur. Bardamu et le destinataire de ce paragraphe se trouvent donc associés, et — paradoxalement —, d'autant plus que le verbe se fait violent, use des moyens les plus propres à repousser un esprit « de bon sens ». La fonction de la dérision, ou de la parodie n'est plus simplement idéologique, mais aussi romanesque : ces procédés supposent et l'adoption du discours d'autrui et son évacuation. La scatologie remplit dans le récit un rôle identique : la vision réaliste qu'elle suppose ne peut, par son excès, s'inclure dans le code ou la norme; elle établit donc sur le champ une distance critique :

> Est-ce qu'il allait aux cabinets devant tout le monde Jésus-Christ? J'ai l'idée que ça n'aurait pas duré longtemps son truc s'il avait fait caca en public (P. 366 / F. 461).

### *Le narrateur et son mythe*

La narration hétérodiégétique est donc toujours en recul dans le *Voyage* : aucune voix ne peut échapper au cours du récit. A la figure de l'Auteur, être lointain qui élabore la trame romanesque, et que l'on devine chez Balzac par ses apartés, ses considérations générales et extradiégétiques, Céline substitue une autre instance : celle du Narrateur, homo- ou autodiégétique, qui fait corps avec la substance du roman. Son rôle devient ainsi plus complexe que dans les traditionnels récits à la première personne. Ni narrateur-alibi, ni personnage « monophonique », il est le dépositaire de tous les discours, celui qui enregistre les paroles et les renvoie intactes, déformées ou falsifiées — « émotives » —

au lecteur. La veulerie, la lâcheté que Céline attache à Bardamu, lui ôtant tout aspect immédiatement positif, met ce narrateur en marge du personnage introspectif à la psychologie lourde et complexe. Seules des pulsions élémentaires l'occupent, des vérités passagères le traversent. Ce héros, médiocre pour la mythologie académique, est un personnage récipiendaire : il subit les discours, les absorbe, mais ne crée pas un dialogue :

« Je n'avais rien à lui répondre... Je m'inclinai » (P. 436 / F. 547) : Baryton arrive à convaincre Bardamu, comme (apparemment) Bestombes, ou l'abbé Protiste. Ferdinand a tout du psychothérapeute : il ne dirige pas les débats, il permet aux autres d'exacerber leurs logomanies, leurs « bavardages rien que sur des apparences », leurs « émotions » (F. 434 / P. 343). Le caractère autodiégétique du narrateur est sans cesse infléchi par ces situations de transfert, et Céline paraît avoir transfiguré le rapport malade-analyste en une catégorie narrative, transformant Bardamu en une sorte de personnage-aleph, de microcosme romanesque, abrégé de toutes les folies verbales des hommes.

Cet être-de-paroles, paradoxalement convaincu, au fur et à mesure que le récit progresse, que le silence seul est vrai, s'apparente à la figure romantique du bouffon. Dans Shakespeare *(la Nuit des rois)*, chez Musset *(Fantasio, les Caprices de Marianne)*, le bouffon écoute les autres, reconstruit ou annihile les propos d'autrui pour en souligner la démence. Il est, par nature, un provocateur, qui déchaîne les agressivités et transcende toute notion de goût. Il retourne la normalité du langage social, montre que le logos est fou, quand il est cloisonné dans les structures de la pensée courante; de la sorte, Bardamu remarque qu' « un fou, ce n'est que les idées ordinaires d'un homme mais bien enfermées dans une tête » (P. 416 / F. 523).

## *Roman et autobiographie*

S'il veut rester « vivant », l'auteur doit s'éclipser devant le narrateur; il ne peut se situer ailleurs que dans le texte. De là cette confusion, essentielle chez Céline, entre l'autobiographie et le roman. De là aussi le besoin d'inclure le lecteur dans le récit, de le provoquer ou l'éblouir. Par la fonction même de la narration romanesque, qui exprime une part toujours mouvante de vérité, parler de soi — acte mensonger et réaliste —, c'est entrer dans la fiction. Le narrateur devient donc un mythe : il est le sens que l'auteur se donne à lui-même : à la place du « je » monocorde que pourrait arborer Louis-Ferdinand Céline, mieux vaut concevoir un « Ferdinand Bardamu », personnage total, intégrant dans le texte la biographie célinienne et la fiction autodiégétique, le tragique et le comique, la vérité et le mensonge, la philosophie et le non-sens, etc. Avec lui, le langage est a-topique; se présenter comme auteur ou personnage réel, c'est admettre qu'il existe une parole de vérité, en dehors du récit : or là règne le silence, négation de toute valeur.

La fusion de Céline et Bardamu, la disparition de l'auteur au profit du narrateur confèrent au récit une plus grande neutralité, non pas formelle, mais théorique; au sens étymologique du terme, le « Je » n'est « ni l'un ni l'autre » (ne-uter), ni vraiment Céline ni totalement Bardamu, ni intra- ni extradiégétique. On a trop vite fait de réduire Bardamu à un personnage très intégré dans le discours romanesque, et dans la norme sociale : il n'est pas plus le porte-parole de la misère que le double parfait de Céline; seule sa fonction « phatique » de bouffon-thérapeute définit quelque peu son statut diégétique; au-delà de son personnage, il dévoile une pluralité de « je », de subjectivités et en cela constitue sa fonction mythique.

### « *Le seul livre vraiment méchant...* »

On mesure ainsi la place déterminante du *Voyage* dans la production célinienne, mais aussi dans l'histoire littéraire. L'affirmation, malignement sibylline, de la préface de 1949 s'éclaire aujourd'hui nettement; si ce roman est « le seul livre vraiment méchant » de Céline, c'est parce qu'il multiplie non les critiques, mais les dérobades et les refus, et, à tous niveaux, les constats d'échecs.

Par ses conclusions idéologiques d'abord : tout un contexte socio-historique est voué à la haine; il n'est guère de réalité qui, de 1914 à 1932, satisfasse l'être humain, et lui permette de « vivre ». La philosophie de Bardamu porte ensuite à son paroxysme ce pessimisme : le nihilisme absolu s'impose au terme d'une quête stérile : mythes, idéologies, philosophies, langages, tout est vain ou mensonger. Il ne reste plus grand-chose, dans le *Voyage au bout de la nuit*, de l'humanisme et de ses valeurs, qui n'ont plus d'avenir dans la pensée humaine. Enfin, sur le plan strictement littéraire, Céline fait table rase des romans préexistants, même de ceux dont il a pu, anecdotiquement, s'inspirer, romans post-balzaciens, naturalistes, philosophiques, romans bien-pensants : tous sont renvoyés au néant du passé. La narration ambiguë prise en charge par Bardamu constitue la négation du monument des Belles-Lettres. S'il demeure encore, dans le *Voyage*, du « beau-style » et de l'académisme, ce n'est plus là qu'une atlantide qui va bientôt s'engloutir dans *Mort à crédit*.

En fait, Céline reniera ce premier essai romanesque : « ... je supprimerais tout. Je laisserais pas passer plus une ligne »[1]. Il ne s'agit pas d'une attitude purement théâtrale. Stylistiquement, le roman ne représente pas un aboutissement. L'ultime paradoxe de ce livre est qu'il passe de nos

1. Préface de 1949 (P. 1113 / F. 13).

jours pour un classique célinien. On n'y sent que fort occasionnellement une langue à venir. La syntaxe caractéristique de Céline ne s'édifiera qu'à partir de *Guignol's band*; le *Voyage* rompt avec la littérature figée, dépourvue d'efficacité « émotive », mais n'a pas innové de structure narrative. Il ne présente que l'ébauche d'une *autre* parole littéraire, axée sur une narration qui fait exploser les schémas diégétiques classiques.

Le *Voyage* occupe en cela une place unique dans la production romanesque du XX^e^ siècle : livre de toutes les ambiguïtés, il semble atteindre par là un étrange équilibre, une perfection baroque. De tous les livres qui se sont imposés dans la « modernité », le *Voyage* est, sémiologiquement parlant, peut-être le plus complexe. A tous ses niveaux, le Sens n'en finit pas de vibrer, se métamorphoser, se multiplier, avant de s'abîmer dans l'insignifiance. La réussite et le succès de ce roman excessif résideraient alors dans cette dialectique qui réunit et oppose une tradition reniée et une perspective sans avenir, le sens et le nonsens, la réalité de l'écriture et la mythologie littéraire.

# *L'intertexte*

Ainsi, *Le Voyage au bout de la nuit* marque l'apparition du « ton-Bardamu » : parole subjective, qui use de l'autobiographie pour constituer un récit lyrico-émotif; *Mort à crédit*, *Guignol's Band*, les *Féeries* constitueront le prolongement d'une écriture, qui ne cessera de réduire la distance séparant le personnage du roman (Bardamu) du narrateur mythique (Céline). A partir du *Voyage*, c'en est donc fini des essais dramatiques; aux dialogues de *l'Eglise* ou du *Progrès*, Céline préférera l'instrument lyrique et polyphonique forgé avec son premier roman.

Œuvre inaugurale, le *Voyage* dans son propos même, n'a pas totalement prédéterminé les autres écrits. Par sa portée idéologique, le roman se distingue peu des ouvrages postérieurs; ses méthodes d'analyse, dont on a souligné les multiples ambiguïtés, préfigurent les romans à venir par leur recours aux théories de l'inconscient; jamais Céline, par-delà les données de l'histoire, ne cessera de mettre en scène ce « fonds sensible »[1] de l'homme qu'est l'inconscient; le sadomasochisme, déjà patent dans le *Voyage*, devient la pierre angulaire des *Féeries* et des trois dernières chroniques; souffrir et faire souffrir, désir d'éliminer l'autre, délire de persécution, mégalomanies diverses constitueront l'Edifice mythique de la paranoïa célinienne, une paranoïa que le narrateur partage avec ses semblables, et dont Céline ne cessera d'affirmer la présence :

> La maladie paranoïaque dévaste la ville et les champs! le « moi » phénoménal bouffe tout!... s'arrête à rien! exige tout! *(Entretiens avec le Professeur Y).*

1. Cf. préface de 1949 (P. 111 / F. 13).

De la même façon, l'oxymorique contradiction entre pulsion de vie et pulsion de mort continue de hanter les personnages céliniens : les trois derniers ouvrages montrent dans une Europe en déshérence des figures seulement occupées d'un sentiment de mort que vient par moments combattre une sexualité polymorphe. Ces personnages délirants ou contradictoires, délibérément excessifs, constitueront toute une typologie humaine que préfigure déjà le *Voyage* : le vieillard lubrique (Parapine dans le *Voyage*, le Rittmeister dans *Nord*), la prostituée rêvant d'intégration bourgeoise (Molly), la jeune bourgeoise aux appétits pervers, les petits bourgeois mégalomanes... Toutes ces figures composent alors des scènes semblables : les foules hostiles et avides de sang (les voyageurs de *Infanta Combitta*), les amitiés trahies par les pulsions secrètes... A coup sûr, toutes les situations des ouvrages postérieurs sont définies dans ce premier roman.

Les messages incertains du *Voyage* réapparaissent également dans les autres œuvres — à l'exception de l'antisémitisme que, seuls, les pamphlets mettront ouvertement en scène : le sentiment d'Apocalypse, fruit de l'universelle paranoïa, devient de plus en plus insistant, les paysages en décomposition du *Voyage* finiront dans l'explosion, à partir des *Féeries* : êtres, choses, Nature, tout vole en éclats, et de fragmentation en fission, l'Europe doit normalement cesser d'exister après les dernières lignes de *Rigodon*. Un écart demeure pourtant entre le pessimisme du *Voyage* et celui des livres postérieurs; la description de l'univers a sensiblement les mêmes buts, mais les moyens ont changé. L'exacerbation verbale, la pulsion rythmique de la phrase transfigurent dans les derniers romans le sentiment de vide et de non-sens : l'Homme n'a aucune place dans ce monde, mais son inadéquation à la réalité n'exclut pas la drôlerie. Le nihilisme du narrateur, ainsi, dans sa démesure baroque, se trouve édulcoré par l'hypersécrétion verbale;

l'écriture est investie du principe de vie, tandis que la Nature référente connote, à tous niveaux dans le *Voyage*, la Mort. Le premier roman de Céline présente surtout le désenchantement de Bardamu et les passages comiques sont encore ponctuels : délire de Grappa et de ses colonisés, discours de Pinchard, parodies de discours idéologiques. Mais les trois chroniques ultimes feront tourner, dans le même carrousel verbal, comique et tragique, vérité, dérision et sérieux : le récit célinien sécrète de plus en plus sa langue, sa syntaxe, qui fondent dans un même matériau toutes les contradictions. Dans le *Voyage*, par contre, le pessimisme est placé sur un mode éperdu, dans la mesure où le récit lui-même est emporté dans la dérive générale : le langage de Bardamu, même dérisoire, reste encore l'instrument de l'idée; nulle métamorphose par la langue, mais une lente progression vers le silence et la mort.

C'est surtout d'un point de vue stylistique et narratif que le *Voyage* reste encore une simple ébauche des œuvres à venir. Le récit suit un ordre parfaitement chronologique; même si la temporalité en demeure floue, c'est toujours une succession de faits extérieurs, un procès événementiel, qui impose l'ordre du récit. Dans les dernières œuvres, par contre, la logique narrative suit le rythme et les élans de la subjectivité : la mémoire du narrateur reconstitue, par à-coups, les bribes du passé. Les impulsions de Céline présentent au lecteur un monde sans cohérence, sans rationalité. Le discours romanesque finit donc par épouser le chaos universel, d'où la disparition des structures traditionnelles du roman (mise en place de personnages/intrigue/dénouement). *D'un château l'autre* et *Nord* commencent et se terminent parce que le narrateur décide de parler ou de se taire, la notion de digression elle-même perd son sens. Le *Voyage* lui, malgré son début provocant et sa fin nihiliste, épouse quand même le rythme du voyage, la mort de Robinson constitue sur le plan symbolique une véritable fin parce qu'elle est liée à la pleine conscience du Néant. De même, la guerre paraît bien le début des aventures de Bardamu, elle sert de catalyseur et le pousse à « chercher ». Le refus d'une structure définie commence seulement chez Céline après *Mort à crédit*, encore qu'aucune « philosophie » finale ne puisse être découverte dans ce livre d'errance. Le début statique de *Normance* s'écarte de la richesse événementielle que présente le *Voyage*; les invectives lancées contre l'éditeur minent également l'illusion romanesque dans *Nord* et D'*un château l'autre*.

Les thèses et thèmes du *Voyage* n'apparaîtront plus de façon aussi appuyée, et se fondront dans l'écriture romanesque. Le monde et la parole ne feront plus qu'un seul et même matériau; incontestablement, l'ouvrage garde encore un aspect « roman à idées », même si les idées qui devraient livrer un message précis sont profondément ambiguës. Moins baroque que les ouvrages inaugurés par *Guignol's band*, le *Voyage* est, extérieurement, plus assertorique, et emprunte encore une structure traditionnelle, que Céline sapera de plus en plus, pour l'ignorer tout à fait dans ses derniers livres. Au vu des œuvres suivantes, le *Voyage* constituerait, sous tous ces rapports, une première étape décisive plutôt qu'un ouvrage totalement « célinien » : œuvre « carrefour » qui associe les modèles littéraires et leur propre dérision.

# *La fortune*

*Réception immédiate.* — Un succès ample et complexe, comme en atteste la publication, donna lieu à des comptes rendus divergents d'essayistes et de journalistes; le livre est également commenté par les « valeurs sûres » de l'époque : Thibaudet, Gide, Malraux... Les ambiguïtés de l'idéologie, la nouveauté de l'écriture passionnent ou scandalisent immédiatement; assurément le roman choque tout un public bien-pensant, entiché de Paul Bourget ou de René Bazin, tandis qu'il émeut la jeunesse inquiète et engagée du moment.

*Succès ultérieurs, adaptations.* — Le succès de l'ouvrage ne s'est pas démenti : le *Voyage* est rapidement traduit dans de nombreux pays (E. Triolet le traduit en russe); il reste, le contexte aidant, jusqu'en 1934, au centre des polémiques littéraires et idéologiques : des Ligues aux milieux d'extrême gauche, le livre est commenté, parfois de façon contradictoire à l'intérieur d'une même tendance, et reste le livre « immoral » qui choque le bourgeois, amoureux des « belles-lettres ». Avant la mort de Céline et jusqu'à l'édition de la Pléiade, le livre devient une sorte de classique scandaleux. Il suscitera un projet d'adaptation cinématographique (en 1961) qui, d'ailleurs, échouera.

*Lectures.* — Le *Voyage* n'a cessé d'être aux yeux des critiques un ouvrage-choc; même si comme on l'a vu, les livres suivants radicalisent davantage certains aspects — essentiellement narratifs — du roman, le *Voyage* demeure le volume de Céline le plus commenté, le plus discuté, le plus connu, celui dont on donne des extraits dans les manuels scolaires. Certes la nature des regards critiques a évidemment évolué : de 1933 à la guerre, le roman tombe dans l'effervescence idéologique et les écrivains opèrent surtout des lectures politiques et idéologiques; les ambiguïtés du *Voyage*, plus ou moins perçues, laissent place à des commentaires passionnés.

A gauche, malgré quelques réserves, le Parti communiste souligne l'importance du roman qui restera longtemps pour Aragon un sujet d'admiration; Trotski en dénonce les ambiguïtés : le *Voyage* dresse le tableau du capitalisme agonisant, mais, loin de mener à une prise de conscience révolutionnaire, il demeure un roman du pessimisme individualiste, d'où ses limites, dans une perspective marxiste. D'une façon assez semblable, Nizan rend compte, dans *l'Humanité*, de l'aspect anarchique du livre, radicalement distinct du concept de lutte des classes; les thèmes du *Voyage* sont donc susceptibles de toutes les interprétations, communistes ou anticommunistes : « Cette révolte pure peut le mener n'importe où, parmi nous, contre nous, ou nulle part. » Cependant, les écrivains communistes, et Nizan en particulier, s'accordent à voir, jusqu'à la guerre du moins, le *Voyage* sous un angle positif, dans la mesure où il dénonce les tares du monde bourgeois.

Les écrivains de droite trouvent un semblable intérêt dans ce livre si incendiaire; toutefois, pour Mauriac, pour Léon Daudet, c'est la peinture du « bas-fond de l'être humain », du Mal, qui retient leur attention, ils y voient matière à débat éthique ou religieux. Pour l'extrême droite, le libéralisme parlementaire mène à la décadence des valeurs. Par contre, on commente moins les peintures de l'Amérique ou de l'Afrique. Mais pour eux aussi, les thèmes doivent mener à des projets plus constructifs. Les écrivains de tout bord voient en Céline un dénonciateur éminent, mais se chargent de tirer eux-mêmes des conclusions que l'œuvre, par son ambiguïté, ne présente pas. Le nihilisme de l'ouvrage gêne quelque peu les intellectuels militants. Il est intéressant de noter qu'en fait le *Voyage* fut l'occasion à la fois de « récupérations » de tous bords et d'interprétations contradictoires.

Après la guerre, les écrivains se prononcent beaucoup moins sur la portée philosophico-idéologique du récit : la cause première en est, bien sûr, l'évolution de l'auteur lui-même. Même des partisans convaincus de l'ouvrage, comme Sartre ou Simone de Beauvoir, ont rétrospectivement suspecté l'anarchisme du livre : l'attitude de Bardamu, la véhémence de ses critiques se sont parfois superposées aux pamphlets des années 38-40. On a pu suspecter de « fascisme » les points de vue du héros.

En fait, les lectures modernes du *Voyage* s'attachent surtout à la structure romanesque, aux innovations sémantiques et stylistiques. Daudet, Nizan ou Sartre ont, en termes assez généraux, remarqué l'originalité de la langue, l'alliance du naturel et de l'artificiel, son « aspect vivant » (S. de Beauvoir), qui révèle une grande science littéraire; dès les années 30, Queneau avait été un des seuls à privilégier l'importance de l'innovation linguistique; il reprendra plus tard encore l'idée suivant laquelle le roman de Céline introduit pour la première fois le français parlé moderne, non dans le dialogue ou le champ sémantique, mais dans le « narré », dans la structure syntaxique. C'est aussi, depuis 1960 et les thèses de la poétique et de la sémiologie littéraire, l'aspect essentiel qui capte l'intérêt des romanciers et des linguistes. Certains, comme Robbe-Grillet et les « nouveaux romanciers », ont vu dans le *Voyage* la première vraie tentative pour éliminer l'académisme du beau style et la rhétorique du récit. C'est avec la langue de Rabelais ou de l'*Ulysse* de J. Joyce que l'on compare ce premier roman, sans en masquer cependant les limites. Céline ira plus loin dans la révolution de l'écrit avec *Nord* ou *D'un château l'autre*, mais, historiquement parlant, le *Voyage* reste pour les critiques une date clé de la « modernité »; d'une façon générale, on s'attarde moins au contenu fluctuant des thèses céliniennes, on ne s'évertue plus à cerner ce qui relève du Céline d' « avant » ou d' « après » les pamphlets : c'est plutôt le « ton-Bardamu » qui retient l'attention. Pour les humanistes ou des écrivains comme Malraux, le *Voyage* reste un livre solitaire, définitif où l'écrivain a « dit tout ce qu'il avait à dire ». Le profil diégétique de la narration, l'alliance de la langue populaire et du beau style mettent en effet plus à l'aise les descendants du romantisme littéraire que les dernières chroniques qui minent le Sens et la structure romanesque. Le *Voyage au bout de la nuit* créerait l'alliance chère aux humanistes « du style et de l'idée », de la révolte et de la certitude, du combat éthique et de la recherche littéraire.

# *Commentaire du texte :*

## « CRÉPUSCULES AFRICAINS »

## (P. 168 / F. 217)

Les crépuscules dans cet enfer africain se révélaient fameux. On n'y coupait pas. Tragiques chaque fois comme d'énormes assassinats du soleil. Un immense chiqué. Seulement c'était beaucoup d'admiration pour un seul homme. Le ciel pendant une heure paradait tout giclé d'un bout à l'autre d'écarlate en délire, et puis le vert éclatait au milieu des arbres et montait du sol en traînées tremblantes jusqu'aux premières étoiles. Après ça le gris reprenait tout l'horizon et puis le rouge encore, mais alors fatigué le rouge et pas pour longtemps. Ça se terminait ainsi. Toutes les couleurs retombaient en lambeaux, avachies sur la forêt comme des oripeaux après la centième. Chaque jour sur les six heures exactement que ça se passait.

Et la nuit avec tous ses monstres entrait alors dans la danse parmi ses mille et mille bruits de gueules de crapauds.

La forêt n'attend que leur signal pour se mettre à trembler, siffler, mugir de toutes ses profondeurs. Une énorme gare amoureuse et sans lumière, pleine à craquer. Des arbres entiers bouffis de gueuletons vivants, d'érections mutilées, d'horreur. On en finissait par ne plus s'entendre entre nous dans la case. Il me fallait gueuler à mon tour par-dessus la table comme un chat-huant pour que le compagnon me comprît. J'étais servi, moi qui n'aimais pas la campagne (P. 168 / F. 217).

Haut lieu de l'inspiration romantique[1], moment symbolique par excellence, le crépuscule est traditionnellement l'occasion de l'épanchement lyrique. C'est ici tout le contraire : le style « oral » ôte à l'événement son caractère « littéraire » (« on n'y coupait pas »; « j'étais servi »; « sur les

1. Notamment le *Crépuscule* de Baudelaire, ou le célèbre coucher de soleil américain des *Mémoires d'Outre-Tombe* de Chateaubriand.

six heures que ça se passait »). Toute poétisation est éliminée, même si Céline ne néglige pas les ressources stylistiques traditionnelles comme les allitérations (« traînées tremblantes », « d'écarlate en délire »). D'emblée, la parole de Bardamu refuse d'adhérer à une hypothétique harmonie de la nature, et établit une distanciation entre la description et son objet, entre les mots et les choses.

C'est que la nature africaine est d'abord l'espace dans lequel l'homme se perd; il y a opposition quantitative entre les deux hommes et la nature : une pluralité de couleurs, de végétaux, d'animaux fait reculer le biotope humain. Céline confronte également l'intimité troublée de la « case » à des mondes atteints de gigantisme : ciel, forêt, nuit.

Cette invasion de la Nature est d'autant plus apparente que l'homme perd une de ses facultés essentielles : la possibilité de communiquer avec autrui; l'échange social que permet l'exercice de la parole est troublé par la polyphonie des bruits naturels; plus encore : Bardamu doit recourir à un code de conversation animal, « gueuler » comme un « chat-huant ». Il n'est d'ores et déjà plus question d'humanisme, dans la mesure où le langage ne confère pas de sens anthropomorphique à la nature, mais paraît au contraire miné par l'animalité ambiante. La nature est l'espace de la démesure absolue qui s'oppose à toute « ratio » humaine : monde livré à la folie absolue (« couleurs en délire », « monstres », « horreur »). La distance entre la « psyché » et le paysage est donc infrangible.

Pourtant, au milieu de ce délire, le narrateur cherche une vérité : le paysage est senti comme un espace symbolique. Ainsi la référence au théâtre n'est-elle pas seulement une tentative (mythique) d'humanisation du décor. Une métaphore, longuement « filée » (le texte se plaît à exploiter le champ sémantique de la dramaturgie : « tragique », « chiqué », « oripeaux », « centième ») montre que la nature ne devient qu'apparence et faux-semblants. La gamme des couleurs, qui évoque dans son mouvement le feu d'artifice de fusées « giclant » « jusqu'aux étoiles » ne signifie pas l'affirmation de la Vie, mais constitue au contraire les prémisses d'une déchéance et d'une mort, que dénotent les « lambeaux » « avachis ».

Céline opère donc un renversement spectaculaire : il n'y a pas de « naturel » dans la nature, seulement un « chiqué » pour donner le change. Que dissimule alors le coucher de soleil ?

Reprenant un lieu commun traditionnel (le crépuscule symboliserait la mort, le soleil « noyé dans son sang qui se fige » en « d'énormes assassinats »), Céline lui attribue une nouvelle signification : le soleil montre la supercherie du jour; la lumière demeure « un enfer », et le mot dénote ce qui vient après la mort, connote la souffrance. L'explosion des couleurs emblématiques de la vie (le rouge marquant l'afflux du sang, le vert la puissance chlorophyllienne) ne fait pas illusion : la Nuit, instance de mort, devient la seule réalité « naturelle ».

Cette mort s'affirme contre la pulsion de vie : les érections sont « mutilées », les êtres vivants voués à l'autodestruction violente, objets de « gueuletons ». La pulsion érotique de la « gare amoureuse » est donc refoulée par la pulsion de mort : cette victoire freudienne de Thanatos vient donc réaffirmer la présence cosmique de la mort : dans cette nature anti-humaniste, et grouillante, l'homme est renvoyé à son Néant.

# *Bibliographie*


## *Editions du texte*

Le *Voyage au bout de la nuit* figure en édition de poche dans la collection « Folio », chez Gallimard (réédition 1982). La référence demeure la dernière parution de Céline : *Romans I : Voyage au bout de la nuit, Mort à Crédit*, Paris, Gallimard, 1981, « Bibliothèque de la Pléiade ».

## *Critiques*

Parmi des titres relativement peu abondants, on retiendra surtout :

— pour l'étude biographique : Jean-Pierre Dauphin, *Album Céline*, Paris, Gallimard, 1977, « Bibliothèque de la Pléiade »;

— pour l'étude des sources, de la genèse du *Voyage*, du contexte historique, on consultera la « notice » de l'édition de la Pléiade 1981, citée plus haut;

— pour l'étude de l'idéologie célinienne : Jacqueline Morand, *Les idées politiques de L.-F. Céline*, Paris, Pichon et Durand-Auzias, 1972; Tarmo Kunnas, *Drieu La Rochelle, Céline, Brasillach et la tentation fasciste*;

— pour l'étude de la langue et de la parole célinienne : Albert Chesneau, *La langue sauvage de L.-F. Céline*, Université de Lille III, 1974; Frédéric Vitoux, *L.-F. Céline, Misère et parole*, Paris, Gallimard, 1973;

— pour l'étude des données psychanalytiques : Jean-Pierre Richard, *Nausée de Céline*, Montpellier, Fata Morgana, 1973, et *Micro-lectures*, Paris, Le Seuil, 1979.

— pour l'étude synthétique de l'œuvre de Céline : Frédéric Vitoux, *Céline*, Paris, Belfond, 1978.

### *Dossiers, documents*

Des textes inédits, des témoignages et articles ont été rassemblés dans :

*Les œuvres de L.-F. Céline*, Paris, Balland, 1969.
*L.-F. Céline*, Paris, Les Cahiers de L'Herne, 1972.
*Les Critiques de notre temps et Céline*, par Jean-Pierre Dauphin, Paris, Garnier, 1976.

Il faut encore citer, dans *La Revue des Lettres modernes*, 4 tomes parus de la *Série L.-F. Céline*, Paris, Minard.

Achevé d'imprimer en décembre 2024
sur les presses de la Nouvelle Imprimerie Laballery
58500 Clamecy

*Imprimé en France*

La Nouvelle Imprimerie Laballery est titulaire de la marque Imprim'vert®

Numéro d'impression : 36496